中国俗文化丛书

# 江湖社会习俗

丛书主编　高占祥

叶涛　张廷兴　著



山东教育出版社
·济南·

**图书在版编目（CIP）数据**

江湖社会习俗 / 叶涛，张廷兴著．—济南：山东教育出版社，2017.2（2024.3重印）

（中国俗文化丛书 / 高占祥主编）

ISBN 978-7-5328-9313-3

Ⅰ.①江… Ⅱ.①叶… ②张… Ⅲ.①帮会－风俗－习惯－研究－中国 Ⅳ.①D693.75

中国版本图书馆CIP数据核字（2016）第052132号

ZHONGGUO SUWENHUA CONGSHU
JIANGHU SHEHUI XISU

中国俗文化丛书　　高占祥　主编

**江湖社会习俗**　　叶　涛　张廷兴　著

主管单位：山东出版传媒股份有限公司

出版发行：山东教育出版社

地址：济南市市中区二环南路2066号4区1号　邮编：250003

电话：（0531）82092660　网址：www.sjs.com.cn

印　　刷：山东华立印务有限公司

版　　次：2017年2月第1版

印　　次：2024年3月第2次印刷

开　　本：787毫米×1092毫米　1/32

印　　张：8.625

字　　数：130千

定　　价：59.80元

（如印装质量有问题，请与印刷厂联系调换）印厂电话：0531-76216033

中国俗文化丛书

主　　编：高占祥
执行主编：于占德
副 主 编：于培杰
叶　涛
刘德增

# 序

在中华民族光辉而悠久的历史传统文化中，俗文化占有十分重要的地位。它不仅是雅文化不可缺少的伴侣，而且具有自身独立的社会价值。它在中华民族的发展历程中，与雅文化一起描绘着中华民族的形象，铸造着中华民族的灵魂。而在其表现形态上，俗文化则更显露出新鲜、明朗、生动、活跃的气质。它像一面镜子，折射出一个民族、一个地区的风土人情和生活百态。从这个角度看，进一步挖掘、整理和发扬俗文化是文化建设的一项战略任务。

俗文化，俗而不厌，雅美而宜人。不论是具体可感的器物，还是抽象的礼俗，读者都可以从中看出，千百年来，我们的祖先是在怎样的匠心独运中创造出如此灿烂的文化。我们好像触到了他们纯正的品格，听到了他们润物的声情，看到了他们精湛的技艺。他们那巧夺天工的种种创造，对今人是一种启迪；他们那健康而奇妙的审美追求，对后人是一种熏陶。我们不但可从这辉煌的民族文化中窥见自己的过去，而且可以从中展望美好的明天。

俗文化，无处不在，丰富而多彩。中华民族历史悠久，地大物博，人口众多，在长期的生活积淀中，许多行为，众多器物，约定俗成，精益求精。追根溯源，形成系列，构成体系，展示出丰厚的文化氛围。如饮食、礼俗、游艺、婚丧、服饰、教育、艺术、房舍、风情、驯化、意趣、收藏、养生、烹饪、交往、生育、家谱、陵墓、家具、陈设、食具、石艺、玉器、印玺、鱼艺、鸟艺、虫艺、镜子、扇子等等，都是俗文化涉及的范围。诚然，在诸多领域里，雅俗难辨，常常是你中有我，我中有你，彼此交叉，共融一体；有的则是先俗而后雅。

俗文化，古而不老，历久而弥新。它在人们的身边，在人们的生活中，无时无刻不影响人们的思想、观念和情趣。总结俗文化，剔除其糟粕，吸收其精华，对发扬民族精神，增强民族自信心，提高和丰富人民生活，都具有不可忽视的意义。世界文化是由五彩斑斓的民族文化汇成的，从这个意义上讲，愈是民族的，就愈是世界的。因此，我们总结自己的民俗文化，正是沟通世界文化的桥梁。这是发展的要求，时代的召唤。

这便是我们编纂出版这套《中国俗文化丛书》的宗旨。

# 目录

# 引　言

“江湖”一词的本义是指江河湖泊，但在中国历史上，人们口中笔下的“江湖”，更多的是指它的两个引申义。

一个是指隐士隐居的场所，也称之为“山林”、“穴居”，如“隐居山林，遁迹江湖”、“居庙堂之高则忧其民，处江湖之远则忧其君”。具体来讲，又包括两个方面的内容：一是在政治上，它与朝廷、官场相对，代表着在野的和民间的状态；在个人生活上，它与富贵、享乐相对，象征着一种淡泊名利、隐居不仕的生活状态。

隐居江湖的人，称之为隐士。他们有的是对现实不满，抱负得不到施展，蓄势待发，以待明主的，如避无道纣王而垂钓滋泉，终遇周文王的姜尚；原本想苟全性命于乱世，后为刘备三顾茅庐所感动而出山的诸葛亮。有的是功成名就，为避“兔死狗烹”的下场而隐入江湖的，如辅越王勾践灭吴后，一叶扁舟潜泛江湖的范蠡；佐刘邦成就帝业后，隐居天门、修炼仙术的张良。有的则是为了独善其身、保守节操而断尘缘的，如仅做了81天县令，便深感有违本性而归田荷锄种菊的陶渊明。还有的是为让贤而隐居，如互相让位而出逃，周灭商后又耻食周粟，隐居首阳采薇而食，饿死山中的义士伯夷和叔齐。也有的是为逃避当朝追杀、挟持而归隐江湖的。魏晋时玄学盛行，人人标榜清流，还出现了流连江湖山林、优游而终志的“竹林七贤”。因此，我们可以看出，这些隐士，并非跟正统的社会秩序截然对立，并不是纯粹的江湖人。

“江湖”的第二个引申义，指的是一种飘忽不定、浪迹四方的生活状态，我们今天所说“江湖”的含义，通常都是指此。用“江湖”流动的、湍急的、神奇莫测的水比喻动荡的生活，二者相似之处有三个方面：一是江河湖海遍布神州大地，江湖中人闯荡江湖，就是走江过湖，四处漂泊，像水一样时时流动；二是江湖深浅莫测，比喻出外谋生吉凶难卜，充满艰险；三是江湖中人尝尽辛酸，饱经风霜，正如江河穿山过滩，千回百折，又赋江湖以久经锻炼、阅历丰富的含义。

浪迹江湖，四海为家，与中国以自然经济占主导地位的农耕社会所形成的乡土观念、家居乐业、安土重迁，形成了对立和补充。因此，我们就把这些游离于正常经济生活和社会秩序之外的非士农工商阶层的人群，称为江湖人物。他们包括民间秘密宗教和秘密帮会，以及三教九流、五花八门的流民与游侠。

此外，我们注意到，在中国历史上，每当连年歉收，食不果腹，或社会动荡，战争频繁，或土地兼并，农民破产，大量的劳动力便离开家园，流入市井，就步入了江湖。作为江湖人的个体，其力量单薄，生存能力薄弱。因此，他们便以某种方式组成社团，形成江湖组织。作为江湖组织，从其组成个体来看，他们无身家之累、生死之虞，喜欢冒险，不安本分；从其政治观念上看，他们渴求平等，不分贵贱，八方共域，异姓一家；从经济上看，他们有财均分，有福同享，有难共赴，不问亲疏；从道德上看，他们意气用事，肝胆侠骨，两肋插刀；从行为目的上看，他们行侠仗义，劫富济贫，替天行道。因此，从这个意义上说，江湖又成为跟现实社会秩序相对立的一种下层的秘密社会的代名词。

江湖社会虽然同以儒道释为正统观念所形成的官僚士大夫上层社会一样，都根植于中国封建社会这块沃土上，但是，它却是以下层民众的人生理想与现实要求，即精神生活与物质生活的追求为反映物，并以此来吸引、凝聚、指导下层民众。为了摆脱苦难，抗争命运，各种江湖行业集体和江湖秘密组织，制定了一系列的宗旨道义、规矩、黑话，以此来凝聚力量，规范行为，整合起了一股股与正统封建社会相抗衡的潜流，具有了强大的社会对抗能力。当贫穷的普遍化和道德正义完全沦丧的时候，这些集体和组织特别是民间秘密宗教和民间秘密帮会，便蠢蠢欲动，蜂拥而起，揭开社会动乱的序幕。所以历代统治者，对这些社会的下层集体或组织，总是采取招安、取缔或镇压的方针，遏制它们的发展和壮大。

而江湖的各个群体，都具有浓厚的宗教色彩，采用宗法式统治，具有亦正亦邪、亦盗亦侠、亦白亦黑的性质。本书从历史的角度，揭示了这种传统文化现象的产生、发展及其蜕变的过程，既肯定了它们抒发平民情绪、反抗苦难现实、杀富济贫、抵抗外侮的积极作用，又批判了它们闭塞狭隘、愚昧短浅的落后性，以及杀人越货、危害社会、替反动势力充当帮凶的破坏性和反动性。研究、认识江湖这一个神秘的社会，对了解中国丰富多彩的民间传统文化，对了解中国社会历史发展脉络，对于中国现阶段的社会主义精神文明建设，都有一定的积极意义。

# 一、江湖溯源

从我国的历史来看，江湖现象最早出现在社会激烈变革和急剧动荡的春秋战国时期。在旧秩序的崩溃和新制度的创建过程中，士子们怀着各种才能和技艺，独身走出穷街陋巷，离开深林岩穴，周游于列国之间，闯荡江湖，推销自己。其中有离开家室、连六国而抗秦的苏秦，有为孟尝君设狡兔三窟的冯谖，有敢于自荐的毛遂，有怒发冲冠、完璧归赵的蔺相如，有义不帝秦的鲁仲连。《史记》还专列《刺客列传》，记叙侠客曹沫、专诸、豫让、聂政、荆轲等以身赴义、杀身成仁的感人壮举。

至秦末汉初，以不治产业和反秩序社会著称的游侠盗寇大量出现。《史记》以为侠是“以武犯禁”之人。这些人一方面藐视国法，作奸犯科，时时处在与官府的尖锐对立之中；另一方面，苛政峻法也迫使他们仆而再起，摆脱不了与法律对抗的命运。但是，不管是侠义之士，还是盗跖之徒，大都为独闯江湖，在历史上留下的是其个人的活动和个人的事迹，而未形成江湖组织、江湖社会。

最早的江湖秘密组织当属推翻王莽政权的绿林、赤眉军以及由张角创立的、敲响东汉丧钟的“太平道”和黄巾军。此后，又有不少民间秘密组织把零散的游民组织起来，形成了反抗腐朽黑暗的封建秩序的生力军，如东晋信奉汉末张陵创立的“五斗米道”的孙恩、卢循起义，深受摩尼教影响的北宋末年的方腊起义，元朝末年信奉明教、白莲教等秘密宗教的红巾军起义等等。明清以来，江湖社会遍及大江南北，茫茫禹迹，几乎无时不有，无处不存，甚至延伸到了世界某些国家和地区。在我国近代史上，太平天国、义和团、辛亥革命，都有江湖秘密势力参与其中。在我们党的历史上，也曾成功地利用改造过这股强大的非社会秩序力量，如1927年毛泽东上井冈山后，团结说服改造袁文才和王佐的绿林队伍；也惩罚过由江湖组织蜕化为无恶不作的反动黑社会势力，如上海青红帮、一贯道等。改革开放之后，面对着江湖黑社会的死灰复燃，我们国家开展了以打击犯罪团伙和带黑社会性质的犯罪组织为主的“严打”，给予社会主义建设的安定环境以有力的保障。

## （一）民间秘密宗教

民间秘密宗教，也称为教门或道门，指的是与作为上层统治阶级和知识阶层所信奉的受到统治阶级保护的如佛教、道教等正统的、正规的、公开的宗教相对的，为部分下层平民百姓所信奉、所组织并在民间流传的受到统治阶级压制和排斥的秘密的宗教。

民间宗教有许多来源于道教、佛教，与道教、佛教一样，也有最高崇拜，也有一般神灵，也有自成体系的教义、仪节、日课、修持、戒律，也有经卷、佛堂、祖师、传道师和信徒。它来源于下层民众世俗生活中对由于鬼神信仰、祖先崇拜等一系列的迷信思想所形成的精神支柱和各种整治痛苦的良方的追求，当然也包容了道、佛等正统宗教的信仰。在平时，它与道教、佛教一样，给人以精神寄托和心灵慰藉。但是，在动乱年代，它却很容易被改造为与道教、佛教相悖的、斗争的、革命的组织，巧妙地利用正统宗教，吹响召唤农民起义的号角，被官府看作是“夜聚晓散”、“聚则为贼，散则为民”的极不安定的因素。

在明清以前，民间宗教几乎每代都有，它们为各类下层民众提供了度世超脱的灵丹妙术，给人们提供了对神、对生死的种种解释，并且大都使用神验、治病、祈福、禳灾等方术，极富有吸引力；它的互助精神，形成了社会大同的温暖，也具有永恒的魅力。

清中叶是民间秘密宗教的兴盛期。人口激增，土地兼并，“田之归于富户者十分之六”，十之三四的人无田可种，大批农民破产，民间“渐多游手”，各谋生路，这是其兴盛的原因之一。此外，由于大批的迁民，特别是广东、福建人迁往台湾、广西、四川、贵州、云南，山东人流往关外，使得流落异乡之人，生活孤立无援，精神无所寄托，于是便流入教门，结拜帮会，这也是其兴盛的一个原因。

民间秘密宗教作为秘密社会系统中的一个群体，虽然具有秘密性、功利性、非法性等共同特征，但与会党帮派有着较大区别。首先，它的领导成员往往是一些有文化的衙门书吏、被革生员、星相医卜、和尚道士之流，其基本群众也受区域和职业的限制，大多以农民、佃户、手工业者、城市贫民、小商贩为主，并且不分男女长幼，皆可入教；其次，教门以传教的方式吸收徒众，以农村聚族而居的社会结构为依托，走血缘、姻亲、乡土关系层递扩延的发展路子，不脱离生活土地，属于乡土型的秘密社会；再次，具有非常浓厚的宗教色彩，吃斋念经，定期集会，交纳会费，多种福果，以期通过神灵保佑，除病消灾，避祸就福，进入美好的彼岸世界。

下面介绍我国历史上有较大影响的民间秘密宗教起源、发展及其活动情况。

1. 五斗米道

五斗米道由东汉顺帝时张陵（尊为张道陵）在四川所创立，是我国秘密宗教的首创者，凡入道者需交米五斗，故得名。它崇拜老子，假托老子传道，因尊教主为天师，故又称之为天师道。

张陵于东汉汉安元年（142年）开始在巴蜀一带以鬼道为民众治病，其主要方法是用符箓请祷：先将病者姓名书于符箓上，再将病者服罪的意思也标在符箓中，然后连写三通，一通放在山上，一通埋在地下，一通沉于水中，意为要求病者取得天官（山神）、地官、水官的谅解，然后其病自愈。汉中百姓纷纷入教，人数众多，张陵就任命门徒为祭酒，主持请祷事宜，领导道徒。

张陵死后，传子张衡；衡死，传子张鲁。张鲁自取名号为“师君”，既是道教师，又是统治者，政教合一；又把所筹之米一律充入义仓，遍设义舍，贫穷之人取而食之，得以饱腹，威望极高；最后依势利导，改众祭酒为行政长官，治理部下民众，由一个宗教领袖变成了汉中诸侯。

2. 太平道

太平道由东汉末年河北巨鹿人张角所创。张角与张梁、张宝兄弟三人利用道教中的一支——太平道为号召，仍以给众徒画符治病为手段，传播教义，招徒聚众。凡有病者，张角先令其叩头思过，虔诚忏悔，然后将特制的符水给病人喝下。短短几年，信徒达数十万，遍布青徐幽冀荆扬兖豫八州。

太平道以黄天为至上神，认为黄神开天辟地，创造人类，黄帝时的天下为太平世界，没有剥削压迫，没有饥寒病灾，没有诈骗贼盗，人人自由幸福。至东汉中平元年（184 年），张角不满腐败统治，顺应时势，提出了“苍天已死，黄天当立，岁在甲子，天下大吉”的政治纲领和战斗口号，准备起义。后因弟子唐周叛变告密，泄露了起义计划，张角当机立断，使人星夜驰马飞报各方，提前起义，他自称天公将军，张宝为地公将军，张梁为人公将军。起义军以黄巾裹头为标志，号称“黄巾军”，八州并发，烟炎障天，浴血奋战近十个月，从根本上动摇了东汉王朝的统治，显示了民间宗教奋起反抗封建统治阶级的战斗精神。

3. 摩尼教

摩尼教原为波斯人摩尼在公元3世纪创立，它吸收了祆教(中国又名拜火教)、基督教、佛教的一些思想而形成自己的教义，其核心为“二宗三际”。二宗指光明与黑暗，即善与恶；三际指初际（过去)、中际（现在)、后际（未来)。“二宗三际”即光明与黑暗两种势力在过去、现在和未来三个时期内的不同状态。光明与黑暗为善恶本原，光明王国与黑暗王国对立，只有通过斗争，光明才能制服黑暗，这样善人死后就可以幸福，恶人则会堕入地狱。摩尼本人则是大明尊派到人间的最后一个使者，他来到人世，转大法轮，讲说经戒律定慧诸法，为的是使众生得以度脱。

摩尼教在公元7世纪传入中国，也叫明教、末尼教、明尊教。公元9世纪初，在洛阳、太原敕建摩尼寺，后被查封。五代后梁陈州人母乙920年领导的农民起义和北宋徽宗宣和二年(1120年）睦州人方腊领导的农民起义，都是用此教形式组织民众的。由于摩尼信徒不吃荤腥，当时的统治者便污之为“吃菜事魔教”。当时摩尼教还有许多称呼，如淮南称“二桧子”，两浙称“牟尼”，江西称“金刚禅”，福建称“揭谛斋”，温州台州称“白衣佛会”、“装神会”。

摩尼教倡导朴素的平等平均思想，“是法平等，无有高下”，同党相亲相恤，鼎力相助；更为可贵的，他们公开宣称男女平等，男女应该平等相待。他们还提倡俭朴，摒弃享乐，甘于淡薄，不会宾客，不事神佛祖先，死后裸葬。

4. 白莲教

白莲教的起源，可以追溯到南宋时期的白莲宗。南宋释、道并行，佛事得以大弘，其中不乏托于佛教创设派别者。高宗绍兴三年（1133 年），吴郡延祥院僧茅子元，本习天台宗教义，习止观禅法，因慕东晋慧远（属阿弥陀净土宗）建白莲社遗风，融天台宗识法和净土宗弥陀念佛信仰，创白莲教，又称白莲社，劝人皈依三宝，受持五戒，编《莲宗晨朝忏仪》，代众生礼佛忏悔，祈愿众生往生净土，并于平山淀山湖建莲宗忏堂，自称“白莲导师”，劝众生信奉净土教义。他认为禅净一致，净土只存在于众生心中，只要信愿念佛，即使不出家不脱尘缘，也能往生西方极乐世界。这被正统佛教宗派视为异端邪说，认为白莲宗“假名净业而专为奸秽之行，猥亵不良”，应“以事魔论于有司”，于是宋室乃诏禁白莲宗，流放茅子元。孝宗乾道二年（1166 年），朝廷审阅地方奏议，确信白莲教有益无害，即改变政策，召茅子元进京，到临安在德寿殿说法，并赐号“白莲导师”、“慈照宗主”。茅死后，茅阇梨继领其教，盛兴南方，其徒广建寺院，得到政府保护。但是，到元末，随着阶级矛盾的激化，白莲教徒的异端思想和叛逆活动日益加强，夜聚晓散，煽惑闹事，政府遂下令禁白莲社，毁其祠宇，以其人还隶民籍，禁白莲佛事。河北栾城人韩山童为白莲首领时，倡言天下当大乱，弥勒佛下生，明王出世，河南、江淮翕然信之，与刘福通揭竿而起，以红巾为号，是为红巾起义。从此，白莲教正式走上了政治舞台。

到明初，白莲教以华北为活动中心，明太祖朱元璋深知其危害，诏禁白莲，禁止习传，“为首者绞，为从者各杖一百，流三千里”。明中叶，山东蒲台唐赛儿首倡作乱，发动起义；乌蒙芝首领普法晋，倡言弥勒出世，发动起义。明中叶至明末，由于政府严禁，各地白莲教组织纷纷改名进行传播，产生了许多新支派，如蓟州王森于栾州石佛口传习白莲教，自谓曾得妖狐异香，创闻香教，后来其子孙改名为清茶门教。万历礼部奏折列涅槃、红封、老子、罗祖、南天、净空、悟明、大成无为诸教为“皆讳言白莲之名，实白莲教也”。有人统计，当时民间宗派达数十种，大多属白莲教系统，《明实录》曾载其发展盛况："有一教名，便有一教主，愚夫愚妇，转相煽惑，宁怯于公赋而乐于私会，宁薄于骨肉而厚于伙党，宁骈首以死而不敢违其教主之令。"终于爆发了徐鸿儒、王好贤起义。

清季，白莲教仍盛，清政府采取了严厉禁止、残酷镇压的政策，凡师巫左道，严惩不贷。但是，仍未控制住白莲教的发展势头，又出现了许多新的教派，如八卦、清水、青莲、先天、金丹道、斋教等名目。其反叛活动也不时发生，如乾隆三十九年（1774 年）山东清水教王伦起义，嘉庆元年（1796 年）川楚陕白莲教大起义，嘉庆十八年（1813 年）天理教林清、李文成起义。在这些起义行动中，白莲教徒常以一些迷信行为，如撒豆成兵、剪纸成阵、施云兴雾等伪装来壮声威，以致造成了人们对白莲教的神秘感觉，认为他们有妖法幻术，当他们起义失败后，统治阶级又利用人们不明真相造谣污蔑，甚至将所有歹徒的恶行都归咎于白莲教徒所为，造成了人们对白莲教的歧视，甚至敌视，白莲教处于分散和衰败状态。

5. 无为教

无为教是明清时代白莲教的最大支派，为山东莱州即墨人罗清所创。罗清（1443—1517），又名因，法名普仁，法号悟空，教内尊称罗祖、罗大士、无为祖、无为居士、无为道人，故又称其教为罗祖教、罗道教，简称罗教。他3岁丧母，7岁丧父，14岁投军，饱尝了人间苦难，退伍后，便四处拜访佛教大德名师。先拜禅宗临济宗宝月和尚，继拜天静禅师，后拜九华山白云洞真空无际禅师，历13年，“奉佛甚虔，茹素持戒而不祝发、娶妻生子”。后遭污陷入“天牢”，狱中写成“罗祖五部经”，上呈正德帝，帝封他为“无为禅师”，并命经厂刊印经书，颁行天下，标志着无为教的诞生。

无为教吸收佛教“真空”、道教“无为”，以无极净土为宇宙本源，认为人人不假修持，皆可顿悟成佛，再加上劫变说法，形成了“真空家乡，无生父母（或老母）”八字真诀。“真空”是宇宙的永恒根本，万物之源，众生之家，里面住着一位无生无死的老母，她是至高无上的神，是人类的祖先；尘世中的人则是老母的“皇胎儿女”，因迷本性不知返回，老母特派诸佛下界临世，搭救众生返回极乐世界。

罗清在明朝严禁白莲教的形势下，采取了灵活的战略。

他以佛教正统自居，以“无为”为教名，并竭力诋毁白莲教，以此来赢得正德帝支持，使无为教迅速流行，几遍全国。罗清坐化后，浙江处州人殷继南（1546—1582）假托罗祖转世，接续衣钵，设立“无极正派道场”，广收民徒 3 700 人，为此教第二代传人。第三代传人姚文宇（1578—1634），是浙江庆元人，曾设立“灵山正派道场”，使无为教大盛。此三人，被无为教徒尊为三祖。从第六代传人开始，即清朝初年（1645年），无为教由富庶的浙江南下福建兴化，又由此北上福州，于嘉庆二年（1797 年）传到台湾，改名老官斋教。

无为教在社会安定时，教民诵经、上供、吃斋、坐功，一副安分守己的样子。但是，当社会动乱时，它便组织教民以“无为大道”、“代天行事”、“劫富济贫”等为号召，揭竿而起。如万历年间的徐州赵古元起义、凤阳刘天绪起义，乾隆年间福建普少起义等，显示了无为教在对抗封建统治斗争中的作用。

6. 大乘教

大乘教是佛教的一个宗教名称，也叫大乘佛教，公元三四世纪由印度传入中国，明隆庆、万历年间被白莲教的一支所袭用，也叫大乘教，史称西大乘教，最初在北京西山一带传播，后遍及华北及四川、安徽、江苏诸省。

大乘教创立时，曾有一段关于顺天保明寺的传说。说明正统十四年（1449 年）蒙古瓦剌贵族也先带兵攻明，宦官王振挟英宗率军 50 万亲征。方度居庸关，遇一陕西来的吕姓尼姑上前拦驾，并谏说出师必不利。英宗怒，命将其杖毙，继续北进。后英宗果兵败被俘。英宗被囚漠北荒原时，吕姑数次显灵出现，送茶送饭，细说因由。英宗被释还京居南宫时，吕姑又显灵数次。待英宗复辟后，为补赎己之过失，乃封吕姑为皇姑，在北京西山西黄村盖保明寺祭祀，吕姑便为该尼庵的开山祖，第一代主持。而实际上，西大乘教为保明寺尼姑归圆所创。归圆为直隶开平人张氏之女，9 岁出家保明寺为尼，法名归圆，12 岁悟罗祖经，依法写出“大乘教五部经”，创立了大乘教，成为开山祖师，以后代代相传。

因该寺尼姑结交权贵显要，甚至神宗之母李太后也成为其教徒，故没遭受反佛毁庙之劫。历百余年，直到康熙五十八年（1719 年），康熙帝发现“保明”寺名不妥，于是改为“显应寺”，复归佛教寺院。

明万历年间，教徒蓟州人王森奉教虔诚，后来定居滦州石佛口，就在那里传起教来。因其传教之地在京东，故称之为东大乘教，也叫闻香教。后王森被捕，瘐死狱中，其子孙仍世代传教，凡历 200 余年，其间多次向统治阶级发难，如王好贤、徐鸿儒起义等。该教为避官府追查，屡易其名，演变为众多支派，如清茶门、茶叶门、清水教、收缘教、一炷香、如意门、圆顿教、上太古佛门。清末出现的一贯道，也为东大乘教的嫡传。

7. 红阳教

红阳教为明代直隶永年曲周人韩太湖所创，也称弘阳教、混元门、元沌门。

韩太湖少时曾访道河南、湖北。万历十六年（1588 年），又到直隶临城县太虎山澶溪洞修行，三年后得道，创立红阳教，奉罗清为祖师，自称罗祖转世，号“飘高祖”，又仿罗祖经造红阳“大五部”、“小五部”经。万历二十三年（1595 年），韩太湖到北京传道，结交太监，投好朝廷中人，遂使其教大兴。万历二十六年（1598 年），韩太湖去世，年仅 29 岁，于是教内传其为神化，其教益盛。

红阳教义，为“红阳劫尽，白阳当兴”，宣扬劫变思想，认为现在释迦佛掌教，为红阳教主，过去青阳，现在红阳，未来才是白阳，白阳是理想中极乐世界。其经卷中，弥勒、无生老母、闻香、尽行包罗。它把道有之道幻化为至上神混元老祖，与至尊女神无生老母匹配夫妻，而东土众生则为无生老母的儿女，他们贪恋尘世虚华浮景，染四色，因之迷妄，闯入沉沦，四生六道，尽迷在红尘景界，受苦受难。混元老祖、无生老母怜悯儿女，派诸佛临凡救世，普度众生，返回家乡。但不尽人意，鉴于红阳将尽，白阳当兴，灾难降临，众生因受磨难，派出幼子飘高祖师临凡救世，携带金书，做最后的收元普度工作，度归东土皇胎儿女以脱劫难。而韩太湖便是飘高祖师降世后的化身，肩负着普度东土众生返归家乡的神圣使命。

红阳教纯是一种安善的宗教组织，它从未策动过农民起义。其徒平日没有什么活动，只在如来、地藏、观音生日及飘高祖生日、忌日举行佛事，也临时举办一些酬神、祈雨事。教徒中多为妇女，尤多寡妇、无依无靠之人，入教后习医，为人治病，并施药舍粥，举办一些公益事业。因此，红阳教未遭追查，也未析出宗支、改换教名。

8. 八卦教

“八卦”指乾、坤、震、巽、坎、离、艮、兑，本为古人占卜时使用的名称，后来变为哲学家们解释世界人生现象的用语。明代，八卦学说开始为民间秘密宗教所采用。清初，山东单县人白莲教徒刘佐首倡五荤道收元教，编《五女传道》书，分八卦收徒敛钱，自号教主，以不食五荤为戒条，宣传普度众生，收元结果，山东、河南多有教徒，因其组织分为八卦，故称其为八卦教，原名渐隐。教首多以信仰为名，诈骗教徒钱财。

八卦教教义继承白莲教信仰，杂糅了儒、释、道的一些思想和其他民间宗教的信仰，以“耳上思却听邪言，眼上思却观色多，鼻上思却闻香馨，口上思却说邪言”为四条戒令，尊孔子为收元之祖师，弥勒佛之化身，“后尊古佛为儒意菩萨，二转孔丘夫子，三转佛名弥勒教主”，孔子被称为上大人，说“上大人，生中间，戊己土，人不知。山东曲阜来下世，领定三千徒众子。内有七十二贤士，燕南赵北埋名字，落在贫家人不晓，到后来认祖归根”。

刘佐之后，教主归其子孙袭承。子刘儒汉承袭父业30余年，使八卦教得以较大发展，成为华北地区最大的秘密宗教组织之一。嘉庆年间，白阳教龙华会徒林清充任坎卦教主，将龙华与八卦结合，总名天理教，后与九宫教徒李文成共领天理教，联络各地各卦宗支，于嘉庆十八年，爆发天理教起义，林清发难于宫阙，李文成起义于滑县。嘉庆后，八卦分支渐多，除清水、九宫、义和拳外，还有如意门、好话教、先天教、一炷香离卦教、皈一教、金丹八卦教、天龙八卦教等众多名目，其组织具有浓厚的习武色彩，大刀会、金钟罩八卦教等，就是通过武术技艺，掩盖布道活动，有效地发展组织的。

9. 天地门

天地门为明末清初山东商河县董家林人董计升创立，是清初以来盛行于华北、华中地区白莲教的重要支派，又称顺天门、一炷香。

董计升（1619—1690）生在白莲教盛行的山东省，二十多岁时，迫于生计和宗教诱惑，出家章丘韵峪庵，读白莲经卷，得道离山，自称受无生老母差遣，立教替天行道，创立了天地门，从顺治七年（1650年）开始明传办道，收李修真、张希玉、马魁元、马开山、刘绪武、杨年斋、石龙池、董少业，因他们是在董家林时所收，故称林传八支。后董计升被章丘雷山寺主李公请去，在上方井修炼，又传徐明扬、董成所、邱慧斗、郝金声、于庆真、蔡九冈、邢振邦、杨起风，是为山传八支。六年之后，董计升在雷山寺故去，遗言立顾铭馨在石龙庵坐山。顾是董徒中唯一不在支的传人。董亲传的十七名徒弟，多为山东、河北一带贫苦农民和小手工业者。他们接续传灯，八方布道，枝叶繁盛，信徒遍布全国十几个省份。

董计升去世后，其出家修炼、收徒传教之地及其故里，均被其信徒视为圣地。特别是故里董家林，每年朝拜者络绎不绝，尤其是四月初四董计升忌日前后，董家林更是人山人海，他们给董计升化纸焚香上供，并捐资修建董氏墓地、碑亭，植苍松翠柏。董氏后人无论大小，均被尊为师傅，每代立一个当家师傅，从董计升至今已有11世。

天地门最高崇拜为无生老母，其次为天地君亲师。清中叶后，由于政府严禁，天地门将所供奉无生老母牌位改为“天地三界十方万灵之真宰”，只有在办大道场时供奉；而“天地君亲师”牌位则可由信徒常年供奉于家。天地门认为，没有天没有地，人类就无法生存；而天地之恩是无穷无尽的，要经常设摆香茶美供，酬谢天地之恩，以故名其教为天地门。

天地门信仰龙华三会，宣扬劫变思想，认为天地门信徒“俱是前天龙华三会上人”，要想避水、兵、火三灾和狐狸、黄鼬、刺猬、长虫、老鼠等五魔，就得加入天地门。当家师傅能够阻断三灾五魔，一同赴龙华三会——极乐世界，否则就会死掉。其经称无字经，靠历代当家师傅口传心授，代代相传，没有刻本经传留世。

10. 真空教

真空教又叫空道教、空中道教，为清同治初年江西赣州寻乌人廖帝聘所创，是一个以戒鸦片与治疗疾病为主的白莲教支派。

廖帝聘（1827—1893）世代务农，24 岁丧妻，遂不再娶，30 岁落发修觉山为僧。他钻研罗清五部经，颇有所得，遂离山在故乡黄畲山创立真空教，开始建堂布道。先后收赖仁章、赖之妻蓝氏、凌邦璧、张声见为徒，是为教之五位祖师。光绪八年（1882 年），廖帝聘决定在修觉山建造道坛，赖、凌二徒力耕以偿建坛债务。光绪十八年冬，官府以左道惑众为罪名，将廖帝聘、赖仁章等逮捕入狱，廖死狱中。后经信徒多方疏通，赖等出狱。光绪二十四年（1898 年），终于在黄畲山建起一座正式道堂。20 世纪初，其教已由江西传到广东、福建、江苏、浙江等省，并陆续发展到香港和东南亚，至今仍在民间流传。

真空教最高崇拜是“真空祖”，但该教不供偶像，不供此神画像，只在道堂大厅正中墙上悬挂一匾，上刻“空中祖”

三字；对五位祖师的崇拜，是在大厅正中端放五把椅子。其信徒也不吃斋，只在家念经，生活无异常人；但教首和教友都需住在道堂或道坛里，过独身生活，如已婚配，必须离异。

11. 一贯道

一贯道是清光绪年间由山东青州人王觉一创立起的一个秘密宗教。据说王觉一是东大乘教教主王森之后。明清两朝，东大乘教多次暴动，屡遭朝廷禁断，王森后代、徒弟多遭杀戮，其后人只得流落各地，另立教门。王觉一为王森三传弟子、圆顿教创始人张某的传人，也曾得八卦教教徒山西人姚鹤天的指导。后王觉一自创教门，以孔子“吾道一以贯之”起名“一贯道”，标榜“孔孟大道”，四处传教。光绪九年(1883年)，到汉口准备在武昌暴动，为清廷探知而告失败，逃至四川。

王觉一死后，刘清虚继任教主；刘之后，山东济宁人路中一继任，自称弥勒佛下凡，信徒寥寥；民国十九年（1930年）张光璧接任教主，一贯道迅速发展起来。从抗日战争到解放前夕，一贯道在全国活动猖獗，危害极大，是一个十分典型的反动道会门组织。

一贯道宣扬“万教归一”，崇奉无生老母为“明明上帝无量清虚至尊至圣三界十方万灵真宰”，又供奉济公、弥勒、南阳、观音、吕洞宾、孔子、老子、关羽、岳飞、耶稣、穆罕默德，是个大杂烩。它把世界分为理、气、象三天，以为神仙佛祖所居气天和人世象天都要毁灭，只有无生老母所居理天是永恒的。它以为自开天辟地以来，世上就有在青阳期、红阳期、白阳期末尾的三个劫运。世上原有96亿“原佛子”，都是老母派下凡尘的，因被物欲所迷，失却本性，需道拯救。在青阳、红阳末已各度2亿原佛子入理天与老母团聚了，还有92亿需在末劫来临之前被道拯救，其拯救使命就由一贯道完成。只要加入了一贯道，便可以躲避灾难，逢凶化吉，作威作福，死后进入理天。

一贯道的反动性，在于借办道救世之名，骗人钱财，欺男霸女。大道首张光璧一面要求道徒们去七情六欲，一边姘上了孙素贞（也作“孙素珍”，绰号孙小脚），并在开办“炼炉会”时以“天作之合”奸成。其他教首也多行奸淫妇女之事。为了骗钱，他们宣扬“五大牺牲”，即：完全牺牲财产为大义，牺牲名誉为大仁，牺牲情欲家庭为大慈，牺牲性命为大勇，牺牲功果为大智。所诈会费、钱财，多落入道首之手。其次，“七·七”事变后，张光璧投降日本，给汪精卫充当外交顾问，收大汉奸褚民谊、周佛海、常玉清、王揖堂为徒，在日伪指使下，在华北大开普度，为日本人效力。抗战胜利后，被国民党政府取缔；后被授意改名为“中华道德慈善会”，公开进行活动。1947 年张光璧死，其妻刘率贞、妾孙素贞分掌两派，势力很大，1951 年被人民政府取缔，在大陆基本根绝。

12. 在理教

在理教又叫理门，讹为“礼门”，为清朝初年山东莱州府即墨萧何村人杨莱如所创。杨字佐臣，初名存仁，号澄清，隐名羊宰号诚澄，崇祯进士，国破主易，乃回籍奉养老母，母死后，萌反清复明志，往崂山拜程扬旺为师，投入道门，为北京白云观邱长春所创龙门派第十三代弟子。他常不僧不道，蓬头赤足，云游四方，招人耳目，后在蓟州岐山澜水洞居住静修，创理教，以公理为本，信仰儒释道三教之真理，奉佛之法，修道之行，习儒之礼，以正心修身，克己复礼。后周游河北、山东，收八大弟子，八处立理堂传教，是为“羊祖八方度”。清道光以后，直至解放前夕，以能戒鸦片为号召，信徒益众，各大城镇几乎都有了“理门公所”的组织，点理传道，劝诫烟酒，为地方树立正气。

13. 红枪会

红枪会，从它的组织信奉和活动特点来看，有白莲教、八卦教、义和拳遗风，它沿袭了信神和习武相结合的风格。但是，它已由反清排外的宗旨，转变为保卫家乡的要求。会员们在天灾人祸、动荡不安的清末民初，面对着散兵游勇、饥民流痞的打砸抢劫，以及官匪勾结的局面，发动组织起了自卫性的武装力量，恢复了旧时武馆拳坛，焚香请神，诵咒吞符，传授神拳，并称能以血肉之躯，抵御刀枪。各地农村纷纷效尤，发展很盛，其名称有大刀会、小刀会、红枪会、黄枪会、蓝枪会、白枪会、绿枪会、黑枪会、五色枪会、联庄会、红旗会、黄旗会、五旗会、五带子会、铁板会、黄沙会、天门会、仁义会、硬肚会、一心会、白极会、黄绫会、红巾会、花篮会、天神会、手帕会、孝衣会、扇子会、兄弟会等，名目繁多，行动方式各异。会众们与敌作战，全凭盲动的勇气，依仗神符咒语，群起蜂拥，冲向敌阵，往往招致大量伤亡。

抗日战争时期，有许多红枪会组织英勇抗敌，可歌可泣；但也有些红枪会为地方豪绅所把持，成为他们的家丁卫队，甚至起到破坏作用。

## （二）民间秘密帮会

民间秘密帮会，也叫民间秘密结社、会党。早在隋末，谯郡就出现过“黑社”、“白社”等组织；及赵宋，耀州豪姓李甲聚党号称“没命社”，章丘民众聚集号为“霸五社”，扬州则有“亡命社”。至明清，特别是清中叶以后，秘密帮会大盛。产生最早、影响最大的是天地会，又叫“洪帮”、“洪门”、“红家”、“红帮”，后更名“三点会”、“三合会”。另两个较大的帮会是青帮和哥老会。红帮后来和青帮合流而成“青红帮”，国民党统治时期在上海闹得昏天黑地，臭名昭著。三合会后来在香港成为黑社会组织，很令当局头疼。

民间秘密帮会是民间秘密社会组织的另一大系统，与秘密宗教相比较，它大致表现为以下几个方面的特点：第一，帮会头目大多为散兵游勇、江湖侠客，辛亥革命前后也有相当数量的知识分子、革命党人充当了各地帮会领导。其基本成员，原是破产农民、无业游民，到 19 世纪末，大量的运输工人、船民、水手加入。其成员大都为成年男性，妇女绝少。第二，它采取开山立堂、结盟拜会的方式招募群众，以持传抄的会簿、票布纠集伙众，发号施令；内部组织实行家长制统治，建立起纵向的父子从属关系和横向的兄弟同僚关系。但是，它比秘密宗教更具平等色彩，强调“忠义堂前无大小”，一般会众多参与秘密事宜。第三，帮会信仰宗教色彩淡薄，主要崇拜关公等偶像，把他们作为忠义典范。它宣扬的是“桃园义气”、“梁山根本”、“瓦岗威风”，注意现实利益，很少幻想虚无的未来世界。第四，从地区分布来看，它主要活跃于中国南方，素有“北教南会”之说。第五，秘密帮会一般脱离乡土社会生活，活动无常，飘散不定，有的为了生活互助，有的则纯粹是为了掠夺盗杀，往往演变为半永久性匪帮，具有明显的江湖特点；同时，随着帮会发展到了城市，它的范围更加广泛，系统更为复杂，上至官府，下至里弄，从工厂码头到摊贩商店，从赌场戏馆到澡堂妓院，无孔不入，并且分帮分行，分地分段，划圈势力范围，具有更强的寄生性与反动性。第六，秘密帮会主要以解决成员的温饱问题为目的，故采取共食制。会众掠夺的财物，一律交公；集体掠夺则坐地分赃。其掠夺方式也是非法的、不择手段的，如走私贩运、打家劫舍，甚至蚕食火并。特别是现代江湖帮会，更把经济利益作为追逐的主要目标，为达到挥金如土、生活糜烂的目的，专做一系列“特种事业”，如烟土“保险”、贩卖人口、占地为霸、庇护私商、包揽事件、绑架勒索、开码头、包做人、从事淫业，做“黑生意”。

下面介绍我国历史上有较大影响的民间秘密帮会起源、发展及其活动情况。

1. 天地会

天地会是有清一代我国民间主要的秘密会党，其名取自“一拜天为父，二拜地为母”之意，会内则通称“洪门”，活跃于南方数省及海外华侨中间。

关于天地会的起源，众说纷纭，大致有三种：第一种，陶成章、孙中山认为，天地会是明朝遗老为反清复明而创立的。明亡之后，志士仁人不忍中原涂炭，秘密结社，因明太祖年号洪武，故取以为洪门；指天为父，指地为母，故又名天地会。始倡者为郑成功，陈近南继之。此说还有许多传说，被洪门中人口耳相传数百年，奉为信史。如，说郑成功创天地会同时，各地明朝遗臣志士也纷纷组织义军反清，复社殷洪盛，山西平阳府太平县人，后改名洪英，联络顾炎武、王船山、傅青主、黄梨洲等人，结社“汉留”，寓意汉族人士遗留的反清力量，发展到全国。郑成功在台湾创立了“金台山、明远堂”组织后，派将蔡德忠、方大洪、胡德帝、马超兴、李式开等人向内地中原发展，此五人原为洪英旧部，遂随洪英抗清。后洪英战死安徽三汉河。五人又奔福建莆田市九龙山少林寺，寺方丈智通，为蔡旧友，率128僧人，伺机起义；郑成功之胞侄郑君达，率妻郭秀英及妹玉兰、子道德、道芳往投，以图共举。寺中僧马福仪，图奸郭秀英及郑玉兰，被斥逐下山，遂告密清廷。清将陈光耀、张近秋率兵3000，夜围火烧少林寺，僧众殉难，蔡等十余人突围，袖箭射死马福仪，蔡五人（即“前五祖”）逃奔路上，遇纳勇士吴天佑、方惠成、张敬之、杨信佑、林大江（即“中五祖”），投广东惠州宝珠寺，为寺僧吴天成、洪太岁、姚必达、李式地、林永超（即“后五祖”）接待维护。后蔡五人逃至右寻镇高溪庙，喝刺臂血酒，盟誓，尊洪英为始祖，自称为洪门。此说无史籍证实，实为托词。第二种，天地会内部流传的《西鲁序》上说，康熙年间福建少林寺僧众，在抵御西鲁入侵之战中退敌立功，反遭清帝负义围剿，杀僧焚寺，仅五僧幸免于难。他们逃到广东惠州府石城县，遇万云龙而歃血结盟，为天地会始创。此说乃传说，非历史事实。第三种，蔡少卿以第一历史档案馆所藏的乾隆政府镇压台湾林爽文起义、追查天地会根由的200多万字材料为依据，得出结论：天地会起源于福建漳州地区，由漳浦县洪二和尚即万提喜、俗名郑开，于乾隆二十六年（1761年）首创。天地会统称“洪门”，会内流传“洪水漂流于天下”、“滴血盟心本姓洪”、“洪家子弟”等说法，以及“用五点二十一”暗隐“洪”字作为隐语暗号等，都源于洪二和尚的“洪”姓。朱鼎元、李少敏、桃元、马九龙都是万提喜洪二和尚的弟子，是与之最早结拜天地会者，故有“三姓结万李桃红，九龙生天李朱洪”两句口语。

天地会初创，即在闽粤、闽浙一带破产农民和失业盐民群中传播，并于乾隆三十三年（1768年）由万提喜的同伙卢茂在漳浦首次发动起义，抢劫县城；三十五年（1770年），李阿闵、蔡乌在诏安县起事；四十八年（1783年），平和县人严烟将天地会传入台湾；五十一年（1786年），台湾林爽文发动起义，数十万会徒参加，历时一年有余。从嘉庆元年（1796年）到道光二十年（1840年），天地会已发展到两湖、两广、云贵、南洋，出现了添弟会、三点会、三合会、仁义会、串子会、双刀会等名目，发动了数百起小型起事。从鸦片战争前后到太平天国20余年间，天地会在南方各地山堂林立，围绕太平天国运动起事频繁，许多直接加入太平军者。其中广东陈开、李文茂领导红巾军起义，历时11年，规模仅次于太平天国。并且与教门发生了大规模的融合和渗透，出现了阳盘教、阴盘教等组织，势力也渐北移，红簿教、黑簿教、结草教、斩草教、捆柴教、青龙会、白虎会等皆是这种融合和北移的产物。中日甲午战争前后20年间，天地会进行了反洋教运动，积极投入到反对外国侵略者的斗争中去。从孙中山创立兴中会到辛亥革命前后，天地会接受革命党人的联合，响应武昌起义，帮助各地建立革命政权。但民国一建立，革命党人便抛开甚至镇压会党，解散了以天地会为主体的民军。天地会党以为清已灭亡，失去了明确的目标，消极作用越来越大，有不少会党沦为绿林土匪，有的则被地主豪绅和地方军阀拉拢利用。共产党成立以后，特别是在第一次、第二次国内革命战争期间，党围绕工农运动，对会党团伙开展了许多工作。在城市，派党员打入工人帮会，使之“红心白皮”，从旧式会党走进现代工会中来，开展工人运动，进行罢工；在农村，则争取天地会党中的贫苦农民加入农会，开展农运斗争。新中国成立以后，工农解放，失业问题解决，会党失去了社会基础；又经土地改革、镇反、剿匪等运动，中国大陆基本根绝了天地会等帮会土匪恶势力。

2. 哥老会

哥老会又叫哥弟会，在川省通称袍哥，也叫“汉留”，是清朝嘉庆、宣统近百年间最盛的秘密会党组织。

关于哥老会的起源，说法不一。第一种说法，是把它看成是天地会的一个分支。许地山在《天地会研究》序中说：“天地会在福建、台湾用本名，在长江流域称哥老会，在两广称三合会、三点会、三星会。清水会、小刀会、双刀会都属这会的系统。会中人对内称洪门，而对外名称因时因地每有变化，如在南洋称义兴公司、松柏馆、海山、和盛堂等是。”沈寂等所著《中国秘密社会》也列其为天地会的一个分支：

| | |
|---|---|
| 闽广系（三合会） | 闽粤的：三合会　三点会　小刀会　双刀会 |
| | 海外的：致公堂　洪顺堂　洪兴会　安良堂　义兴公司 |
| 中原系（哥老会） | 长江中下游的：红门　红帮　在辕 |
| | 川滇黔的：袍哥　汉留 |
| | 湘陕甘新的：哥老会 |
| | 北方各省的：在园 |

他们都认为，其源流为郑成功等明朝遗民所组织，仿梁山故事，开山立堂，与部下结盟，不分尊卑，皆称兄弟，首领为老大哥，为避清耳目，改称为哥老会。《汉留史》以为郑成功部将陈近南探知吴三桂潜蓄异志，或能灭清复明，奉郑命往

四川雅州，联合诸同志，开精忠山；《洪门志》也载陈近南于雍正十二年（1673年）在四川雅州开立“精忠山”，遂为四川哥老会之始，四川早期哥老会山堂如蓬莱山、青城山、巍峰山、峨眉山等均归入洪门历代堂会社内。第二种说法，是以蔡少卿等人由档案资料中得出的结论，认为以上说法，为清末民主革命中会党人士的杜撰附会，是一个虚构的传说而非历史。哥老会并非天地会的直接分支，而是在清初四川土生土长的啯噜会的胚型上，接受了白莲教和天地会的影响演变而来的，并不是郑成功派人直接组建的。

关于活动于清早期的川边山区的啯噜会的形成，王纯五《袍哥探秘》中说，是以入川移民为主的游民群众为求生存、谋互助而自发组成的民间秘密组织。乾隆初年，湖广、江西、陕西、广东等外省来川的无业之人，学习拳棒，符水架刑，勾引本省不肖奸棍，三五成群，身佩凶刀，肆行乡镇，号曰“啯噜子”，“啯噜”为土语，詈词。此外，川东北边区，原为张献忠活动频繁地区，荆襄流民不少是其余部，他们于未辟老林中，砍木架棚，操习技艺，各有徒长，什百为群，呼朋招类，动称盟兄，时称之“土豹子”，他们结党成群，流荡滋事，日久也成啯匪。也就是说，“啯噜”是指外省、外县移民、流民的武装集团和本地土著乡勇。

啯噜日益发展，出现了角脑、盐枭、川江船帮、军中啯噜等许多分支。角脑，明王世性《豫志》说，内召卢氏之间，多有矿徒，长枪大矢，裹足缠头，专以凿山为业，杀人为生，号“毛葫芦”，以角脑束之者为头目；李调元《啯噜曲序》则说，蜀人呼赌钱者曰“啯噜”，如曰“辜奴”，其会当为赌徒会。盐枭，则是专指私贩食盐的一部分啯噜，他们从单纯的劫掠抗官发展到了经济领域里的结帮营利。水手行帮，指道光、咸丰年间川江木船上水手和纤夫们组成的行帮，即“川楚八帮”，有许多啯噜子混迹其间。当时川江上水船多，下水船少，大批船工纤夫滞留上游叙府、泸州等地，月积万余，衣食匮乏，弱者为丐，强者入啯匪伙党，又号“江湖会”。军中啯噜，指湘军。清政府为镇压李蓝起义和太平天国石达开部的入川，调来湘军楚勇，并在四川大肆扩军，啯噜成员趁机大批进入湘军，又在其中大肆扩展组织。他们不但怯于公战，勇于私斗，而且不断搞兵变暴动，致使曾国藩不得不首先解散湘军。这些遣散兵勇，无家可归，无业可就，流浪江湖，与原有游民或会党勾串，对促使啯噜向哥老会发展，起了很大的作用。

咽噜演变为哥老会，经历了两个大的阶段。第一个阶段是咽噜大批加入白莲教起义，响应徐天德达州起兵，并肩战斗，声势浩大，并受白莲教影响，在会中设立山堂字号，分红、黄、蓝、白、黑五旗，遭到了清政府的血腥镇压。第二阶段，即哥老会最初出现的道光年间。面对镇压，咽噜中有识之士，采取了更加隐蔽更为严密的方式，大量吸收流传入川的天地会规章及联络办法，改组为哥老会，以求生存、发展。它们有了较为完善的成文章程《海底》，多数成员有较为固定的社会职业，设置码头、公口等会务机关，建立了更为森严的封建等级制度。

哥老会随着中国半殖民地化的加深，外国资本主义侵略势力在长江沿线开辟商埠、寄行港，轮船直接航行于长江内河，造成数以百万计的船工、纤夫、运输苦力工的失业和贫困，又加上长江中下游六省61州连年天灾，成千上万人涌入上海、南京、汉口等沿江城市的形势，在长江地区发展飞速。它的活动中心已由长江上游川黔一带转移到长江运河沿线的交通码头和重要城镇，每会人数，多则数万，少则数千，其头目多为散兵游勇，久历行伍，桀骜不驯，英勇善斗，成为清末流传最广势力最大的一个秘密会社。

3. 袍哥

袍哥是川省对哥老会的通称。其称谓来源有两种说法：一曰取《诗经》“岂曰无衣？与子同袍”，言其同一袍色之哥弟；二曰异姓如同胞，见面称哥弟，取“胞”、“袍”谐音之义。

袍哥走过了一段漫长的曲折的道路。咸丰九年，李永和、蓝朝鼎做“烟帮”首领，为贩运鸦片保镖，为政府设卡强收过道落地捐事，聚众起义，号为顺天军。李蓝至自贡时已有“20万盐工，60万袍哥”之说。在反洋教斗争中，袍哥成员李洪（原名李显谋）参与领导了“四川教案”；川东余栋臣、陈玉堂等袍哥首领，直接以“仇教”为名，焚洋教堂；川西会党响应红灯照首领廖九妹，烧教堂，反洋教；重庆袍哥唐廉江也结伙与殴打中国人的洋教拳脚相加；川西袍哥首领吴直三的反洋教斗争，也成为四川总督的“心腹之患”。1911年，以哥老会为主力的保路同志军起义，成了辛亥革命的前奏。袍哥中的许多首领加入同盟会，也有许多革命党加入袍哥会，成为其首领，如佘英、张捷先、张临达、高照林、罗子舟、张树三、李绍伊、张仲华。四川成都军政府时期，袍哥由会匪变为共和功臣，走向公开化、合法化，尹昌衡既是同盟会成都支部名义负责人，四川军政府大都督，又是哥老会大汉公的总舵把子，设大汉公作为哥老会的总公口，以袍哥关系支配公事并管理城市，成为“袍哥政权”。重庆蜀军政府也成立重庆“大汉公”公口，唐廉江成立“重庆袍哥联合会”，令两地军政府首脑感到了威胁。在袁世凯窃权时期，派胡景伊任四川护理都督，得到袍哥会的声讨，由此开始了袍哥会的反袁护国运动，以孙、吴、丁、张、马、袁、江、汤为其中鼎力者。军阀割据后，袍哥会中有些组织拖棚为匪，打家劫舍，剪径绑票，截击溃军，抢场劫县，为浑水袍哥，如赖金廷、左汉章、吴之镐、袁旭东之流，使川地匪患成灾。同时，借着军阀的利用，袍哥组织也趁机大肆发展。抗日战争期间，蒋的中央政府因袍哥势力从中作梗，与四川地方势力矛盾很大，对袍哥会社进行改造、禁止，但并没有撼动它，反而使之更加团结、强大。而中国共产党，按照“旧瓶装新酒”的思路，联合、改造袍哥会社，加强了袍哥阵营中有民族气节的人的抗日信心，涌现了王伯高等一批志士。袍哥会社后期，“袍哥要操亮，必须把官当”，与国民党各级党政军警相勾结，又与社会上匪、赌、妓、霸相牵连，恶性发展为社会祸害。当人民解放军节节逼近，在地下党的策划下，袍哥势力参加了崇宁“五九”起义和华阳起义。还有许多袍哥大爷如徐茂森、徐海东、张维丰等，为新中国英勇献身。但是，也有许多袍哥会党被国民党特务和各种反动势力所利用，负隅顽抗，如罪恶多端的冷开泰、刘治平、易德斋、黄润琴等，大多为人民政府处死。1950 年 2 月 5 日（阴历腊月二十五），各地袍哥作最后的挣扎，发动了“二五叛乱”。人民政府贯彻“首恶必办，胁从者不问，立功者受奖”的方针，平息了叛乱，袍哥组织走向灭亡。

4. 红帮

“红帮”一词，据蔡少卿先生考证，出现在 19 世纪末 20 世纪初，到民国以后才流行，用来统称哥老会。与统称天地会等组织的“洪门”、“洪家”、“红家”不相同。人们之所以用“红帮”称哥老会，是因为那时哥老会里确实出现了红帮组织，并且由于其势力已伸展到长江下游和运河两淮地区，与这一带的青帮势力相会，为了便于区分这两大帮会势力，就将哥老会包括这个系统的其他组织名目统称为红帮，以之与青帮之名相对。

红帮的创立，说法不一。一说是咸丰四年（1854 年）由曾国藩湘军溃兵林钧等 18 人在江苏北部的双龙山洪钧庙首创；

一说是光绪年间江苏北部东海县盛春山主持的“春保山红帮”，盛春山死后，“春保山”由徐宝山接任山主，成为红帮首领，此后又分出东梁山、西保山、细紫金山、伏虎山等数十个山堂。后一说比较可靠。这些红帮山堂组织机构和帮规，与哥老会完全相同，因此，人们才以“红帮”之名统称哥老会。

辛亥革命一段时间，红帮势力不很稳定。一是由于革命成功，红帮功高，一大批头目做了高官，享受荣华富贵，致使帮内组织涣散，以至“大哥吃兄弟，兄弟耍大哥”；二是革命党人，特别是袁世凯北洋政府镇压、仇视会党，扫平了九龙山，许多红帮组织沦为流寇；三是步步走向反动，四川袍哥霸占要道，征收货税，贩运烟土私盐，甚至盘踞一县或几县，作威作福，或成为军阀势力争夺地盘的武器。

民国建立以后，上海成了红帮力量的积聚中心，上海的红帮团体，几乎包罗了全国各地的红帮势力。其中最活跃的红帮“龙头”有刘克斌、杨庆山、向海潜、明德等人。“四·一二”大屠杀时，蒋介石首先利用了青红帮，杨庆山便加入了青帮“共进会”，担任武汉及长江上游“清党”任务，由于屠杀共产党人有功，1929 年被蒋委任为陆海空军总司令武汉行营侦缉处少将处长。

二三十年代，红帮山头最有影响的是五圣山，下设仁、义、礼、智、信五个堂口。仁文堂，堂主朱卓文，与义衡堂堂主梅光培，重点在两广和香港发展势力；礼德堂，堂主明德，在郑州陇海铁路局所办学校任职，发展路员，兼及工商文教各界；智松堂，堂主向海潜，吸收国民党政界人员为多，李济深为堂内会办；信廉堂，堂主张子廉，光复会员，后创三星棉织厂，号召工人拥护孙中山。五圣山以外，还有五行山、谷云山、十龙山、终南山、侠谊社、洪顺等在上海也较有名气。1935 年，由向海潜、姜豪等发起，成立了红帮的联合组织“洪兴协会”，义为“同心协力，复兴洪门”，蒋介石嘱戴笠派徐亮（徐为彬）打进山堂，对向海潜施加控制。抗战爆发后，红帮组织大多投入了抗日救亡运动。五行山就打出“五行山、卫国堂、保家水、团结香”，皕华山也定名为“皕华山、抗日堂、四海水、义气香”。但后来却有不少红帮参加了“中华洪门联合会”，为汪伪政府充当鹰犬，丧失了民族气节。

抗战结束后，红帮组织曾一度活跃，想将帮会改成公开的政党，以红帮山堂为势力基础，在国民党政界争些地位。1946 年向海潜改组洪兴协会，但实际权力落在政府手里。后来在红帮和青帮联合建立的“中国新社会建设协会”中，向海潜任会长，而特务徐亮任总干事，把持会务。上海解放前夕，向被国民党特务押送香港。解放后，他派王智圣到沪，表示拥护人民政府，但仍被监视在港不得回大陆。大陆根除帮会后，红帮等残余只好到海外和港澳台寻找生存土壤。原广东势力最大的“洪门忠义会”，移居香港后改为“14K”党，与当地原有的三合会混合起来，主宰着港澳地区的江湖黑社会。

5. 青帮

青帮是中国历史上民间又一大秘密帮会。一般认为，青帮的形成经过了一个时期的演变过程。

根据青帮内流传下来的《通草》秘籍以及帮内传说，可知青帮有三代祖师。第一代祖师为金祖，名纯，字幼孜，号碧峰，自号一清道人，他崇尚达摩，为明代洪武年间进士，江苏南京人，先在朱棣手下任职，朱棣做了皇帝后，金任文渊阁大学士，随帝征辽东凯旋后，厌弃红尘，仰慕达摩，辞官隐居栖霞山紫云洞修炼，后转至五台山求戒，拜佛门禅宗临济派三十六传鹅头禅师为师，取名清源，隐于北台紫霞洞内，鹅头和尚传下 24 字，后来成为青帮字派名。金后去世，死时传语，日后有罗清到此可以传给他。第二代祖师罗清，甘肃兰州府人，明嘉靖时举人。有一年吐鲁番一带的少数民族与明发生冲突，嘉靖帝派罗清前往镇压，被围于两狼山下，粮尽三天，只得杀马充饥。一和尚前来指说寺内后石崖下有本朝清源禅师北征时所储粮食。挖取果如僧言，遂饱餐。于是士气大振，一举破围，兵临蕃都。蕃主表示今后永不叛明，罗清乃接受降书而回。途经五台山时，访寻清源遗迹，由北寺方丈恨修导引，从佛龛中取出金幼孜的经典遗物，于是罗即拜金为师，为“灵前孝祖”。后罗清遭严嵩父子迫害入狱，放后至栖霞山紫云洞金修炼处度过余生。第三代祖师为陆逵，字道元，江苏镇江府丹徒人。他自幼习武，在明军中任过江右总兵，明亡后隐居江苏茅山，因慕罗清而去五台山求道。清初曾云游新疆、甘肃一带，看到频繁的民族间冲突、械斗，就向清廷奏陈，建议用宗教感化政策和缓矛盾，为康熙帝采纳，授之“西北宣化法师”，赴西北宣化，订“回汉约法”回京复命。帝悦，许以高官厚禄，陆不受，请求学道，于是帝封他为“靖国尊人”，并加封其师罗清为“一清佛祖”。晚年陆在杭州武林门外宝华山刘氏庵内讲经说法，收翁岩、钱坚、潘清为门徒，分别为之取名为德慧、德正、德林。后因清政府兴办漕运，张榜招贤，师傅陆逵令翁钱潘三人揭榜，替清政府造船兴运。清帝钦准翁钱潘三人各按八仙、二十八宿、三十六天罡之数招七十二名徒弟，创立青帮。

也有说青帮乃是洪门支派的。洪门发展到乾隆年间，洪门领袖天佑洪又另立一社团，尊达摩为祖师，由翁钱潘三位洪门人组织，广收徒弟，表面上投效清廷督办粮运，实为广布势力，以待时机断清廷粮路。这个社团就是后来的“安清帮”，“清”、“庆”谐音，也叫“安庆帮”，即青帮。帮内有“青洪一家”之说。

还有一种说法，讲翁钱潘三人本是洪门中人，但后为清所收买，把洪门“反清复明”的宗旨改为“安清保清”，另立门户成立安清帮，此后不再以忠义为本，而以混杂的僧道俗十三祖作为供奉偶像。

蔡少卿先生查阅了大量史料，以为，漕运水手传习罗教，确始于翁钱潘三人。清代漕运沿袭明制，设漕运总督，负责从江苏、安徽、浙江、湖广、河南、江西、山东各省征集粮食，通过运河运往北京。清代每年所运京粮食达四百多万石，漕运粮船经常在 1 万艘以上，水手 10 万户，大约二三十万人，多为赤贫穷汉，靠此糊口，山东、直隶一带人流落他乡，多以此谋生。漕运为季节性职业，每年回空时间过半，在此期间，水手无处安生，自然而然地与修筑在河边的罗教庵堂发生了关系。于是翁钱潘三人所建三庵成为粮船水手歇居之所，“生者可以托足，死者有地掩埋，在庵者俱习罗教。嗣因水手众多，续又分出七十余庵”。可以看出，漕运水手皈依罗教主要是对庵堂的经济依靠。“每年粮船回空，水手人等内有无处雇趁者，赴各庵寓歇，守庵之人垫给饭食。待重运将开，水手得有雇价，即计日偿钱，藉沾微利”。它的宗教色彩非常淡漠，“平时止一二人管庵，并无辗转煽惑教诱聚众之事”。乾隆三十三年（1768 年），清政府因各地水手多次械斗而平毁了苏杭两地 33 座罗教庵堂，水手的活动中心被迫转移到船上，以老船堂为中心，以当家、老官师傅为首领，形成了一套权力机构。这就使得一个宗教组织转变为一个带有严重迷信色彩的行帮会社。老师傅对水手有生杀予夺的大权，帮规家法开始形成。但是，这一时期并没形成以“潘安”为主体的大系统，当时“翁安呼为大房，钱安呼为二房，潘安呼为三房”，三房之下，又有众多帮派，每一帮派都有自己的老堂船和首领，且因互相抢饭碗，形成了大房、二房（又称老安）与潘安（又称新安）之间的对峙局面。道光、咸丰年间，清廷开办海运，江浙水手再一次失业，数以万计的水手纤夫以“安清道友”为名，聚集在两淮盐场，以贩盐、抢劫为业。“安清道友”即青帮，又称潘门、潘家，青帮是由它的别称庆帮谐音转化而来。它以潘安失业水手为骨干，融合了活动在苏北一带的贩私集团“青皮”而组成。“安清道友”，“多系安东、清河游民，私结朋党，号称师徒”。

青帮在两淮站稳后，数十年间迅速向苏南、浙江一带发展，成为安徽、江苏、浙江主要帮派，并且很快完全堕落为社会的一种破坏势力。它除了贩私和抢劫，还从事贩盐、贩毒、劫掠、包赌、包娼、贩卖人口等罪恶勾当。青帮所积累的财富有很多转化为地租剥削，许多头目发财致富，蜕化为寄生的豪强地主。如江苏江都青帮头子来盛椿，收徒上千人，为之抢劫、绑票、购买土地住宅，很快拥有六百亩土地和药材店等商号。他家还藏有许多武器，成为地方恶霸。还有许多青帮头目纷纷投靠清政府，穷凶极恶地捕杀同党，以获得高官厚禄。

青帮与红帮相互融合过程中，更是狼狈为奸，上海、镇江、南京成了他们活动的主要舞台。除了爬到社会顶层的黄金荣、杜月笙、张啸林，还有大大小小呼风唤雨、欺行霸市的恶霸。如上海码头三霸沈关生、李茂龄、张春宝，粪车霸马鸿根、王永康，南京缎业大把头荣华庭、卜和尚。他们包运包销鸦片毒品，还致力于对赌博的控制。杜月笙就主持了法界五大赌台。最反动的，是他们破坏革命。在蒋介石发动的“四·一二”反革命政变中，杜月笙等人按蒋介石密令，于 1927 年 4 月 11 日晚谋杀了总工会主席、共产党员汪寿华，在 12 日凌晨，“中华共进会”党徒一律工人装束，混入群龙无首的总工会和纠察队，收缴了纠察队武器。从大屠杀之日起，数以万计的青红帮匪徒像一批发了疯的恶狗，以十块银元一个人头的代价，到处捕杀共产党人和革命群众。仅青红帮头目黄金荣、杜月笙、张啸林通过他们的门徒，就抓走了二十多位共产党的重要领导人，如陈独秀之子陈延年、陈兆年，澎湃，向忠发，以及六十多名中央委员，九十多名省委委员。

## （三）流民与游侠

### 1. 流民

流民，即流氓。古之氓，与“甿”相通，泛指野民，后引申为“流亡之民”和“蒙昧无知”的意思。流氓，中国历史上特指那些脱离生产不务正业而在社会上游荡、以违背传统道德文化和破坏社会秩序为基本行为特征的不良分子。其主要来源为破产的农民、手工业者、商贩和城市贫民，以及刑徒罪犯、没落的官绅地主子弟。

①窃贼。又称空空儿，是一种最古老的破坏社会生产和生活秩序的流氓业。古代流氓的先驱，即所谓“罢（pí）民”、“游惰”之类，西周曾专设一种土围墙筑成“圜土”，来强制性地“收教”他们，令其改过。春秋五百年动荡日月，“无国而不有罢士”（《荀子·王霸》）。子产相郑、孔丘相鲁时，曾把打击小偷作为体现政绩的重要标志；《韩非子》则载，“宋有富人，天雨墙坏。其子曰：‘不筑，且有盗。’暮而果大亡其财”；齐国贵族孟尝君则专门豢养“鸡鸣狗盗”之徒，被北宋王安石嘲讽为“鸡鸣狗盗的首领”（《读孟尝君传》）。

窃贼的种类、手法很多。有蹿房越脊、高来高去的飞贼“翻高头”，有掀瓦用绳子捋下房内的“开天窗”，有掘墙穿穴的“开窑口”、“开桃源”，有掘冢、椎埋的盗墓贼，有“踏早青”、“白日闯”、“跑灯火”、“夜燕”撬门闯窃的“排塞贼”，有启锁而入的“吃恰子”，有以乞讨为名先行侦探的“铁算盘”，有专窃晒晾衣物的“收晒郎”，有偷鸡的“拾帐头”、偷牛的“牵鼻头”，有专进船偷物的“钻底子”、“挖腰子”，还有专在人丛中扒窃的“插手”、“犇手”、“三只手”、“钳工”、“剪绺”、“小利”。人们还把防不胜防的神偷叫作“妙手空空儿”。

② 赌棍。专指那些靠赌博榨取或讹诈他人钱财作为生活手段的人，包括“赌头”（也叫赌家、局家、囊家、抽头、乞头等）、“赌行经纪”（也叫夷家、相识、风流汉子等）和“惯家”。赌头是开设赌场的恶首；赌行经纪大多为赌头所豢养，用以诱赌或场内放贷；惯家指精于赌道、技艺超群的“会家子”，大都擅长舞弊。

③ 篾片。为吴语，原指竹子劈成的细薄片，用其编织竹器，取其无篾片即难成纹理的意思，指代那些在诸多侮风狎月歪门邪道中帮闲的流民。宋以后，色情业大盛，他们有的靠帮嫖贴食、陪赌伴酒、插科打诨、奉承助兴吃白食，有的专在妓院诱嫖、写柬、传书做陪堂、吃风流茶饭，有的弄点糖果瓜子、头油花粉钻营酒楼茶肆、妓院勾栏献物讨赏，有的专干中保、保介抠回扣，还有的街上闲逛、应景打杂，甚至有些落为男娼。

④ 无赖。也叫泼皮。《水浒传》曾给这类人作过精彩描写：“原来这人是京师有名的破落户泼皮，叫作没毛大虫牛二，专在街上撒泼、行凶、撞闹，连为几头官司，开封府也

治他不下，以此满城人见那厮来都躲了。”秦时，已定律严惩他们，如对《秦律释》（《睡虎地秦墓竹简》）第65条“或与人斗，缚而尽拔其须麋”、第67条“或斗，啮断人鼻若耳若指若唇”所列之人，严禁“养匿”。

⑤浪荡子。即西汉时所谓“闾里少年”、后称为“恶少”者。他们大多是一些有门户可恃、涉世尚浅、血性不定而堕入泥淖的“失足”青少年。他们中有仰慕任侠、喜欢弄枪舞棒的侠少、恶子，有不思上进，日以飞鹰走狗、斗鸡玩虫为娱的浪荡儿、不肖子，有依仗父兄权势为非作歹的衙内、花花太岁，有好色之徒，有男娼面首。西汉成帝时，曾用酷吏尹赏，建大坑用石盖上为“虎穴”，坑杀京都长安的浪子几百名，子弟为之悚然，京师治安遂好转。

2. 游侠

游侠，司马迁在《史记·游侠列传》中描述说，“其行虽不轨于正义，然其言必信，行必果，已诺必诚，不爱其躯，赴士之困厄，而不矜其能，羞伐其德”，与《韩非子·五蠹》中说的“儒以文乱法，侠以武犯禁”相同，指的是为知己者死的侠士。在《史记·游侠列传》和其他传记里立传的侠士，有春秋战国时期的刺客田仲、王孟、曹沫、专诸、聂政、荆轲，以及四大公子孟尝君、平原君、信陵君、春申君及其门客，还有秦汉初期的豪侠张良、张耳、周文、郦食其、彭越、黥布、韩信等。他们或报知遇之恩，挺身而出，挟武犯禁，刺杀仇敌，壮烈捐躯，做慷慨悲歌之士；或行侠仗义，志节豪宕，“救人于厄，振人不赡，仁者有采；不既信，不倍言，义者有取”；或混迹江湖，叱咤风云，或驰骋里巷，权行州域，力折公侯，声擅天下，为世人敬仰。“桃园结义、瓦岗威风、梁山根本”的江湖精神，正是游侠义气的发扬光大。

## 二、江湖人物

江湖人物即江湖中人，指的是士、农、工、商四民以外的、浪迹于四方各地凭借各种技艺自谋生路的游民，过去还叫作“生意人”、“吃张口饭的”、“老合”、“吃搁念的”等等。

与四民相比，他们的最大特点是游离于正常的经济生活和社会秩序之外，长年奔波居无定址；其次，长跑江湖，讲究无一事不明、无一行不懂，做“百事通”，故少妄言到家者；再者，他们最讲义气，特别看重同行朋友间的相互支持和照应，形成了许多在艰难境地中维系生存、体现江湖义气的规矩；第四，见多识广，老于世故，以善解人意、体察人情、能说会道、巧舌如簧，甚至见风使舵、八面玲珑、指白为黑为生存本领和伎俩；第五，特别看重自己的技艺和内部的“春点”(即行话)，“宁给十吊钱，不把艺来传；宁给十锭金，不传一句春”，以保住神秘色彩，维护欺骗生涯。

江湖人谋生，都有独特的技艺，也就产生了许多谋生的职业，一般用“三教九流”、“五花八门”来涵盖。

三教，原指儒教、佛教、道教，三国时代就有这样说法。后来江湖上假借改用为“三界”，即“青”、“红”、“公口”三个秘密帮会组织，但“公口”只是川黔滇一带红帮组织中的“码头”（接待处），不能算作一“教”，所以又称为“青”、“红”、“白”。“白”是“在理教”，因为传说它是白莲教的一个支派，故称之为“白帮”。

三教又有上、中、下之分。上三教，指孔教，即儒教，讲仁义礼智信；佛教，讲生老病死苦；道教，讲金木水火土。中三教，指文教，说唱歌曲的卖唱艺人；武教，拳打脚踢的卖武艺人；匠教，匠业手艺人。下三教，指须教，花头画相、街头流浪文人；绰教，摆场耍猴驯狗卖艺者；敝教，叉鸡收晒的小偷乞丐。

九流，本指江河的支流，用在学术方面，则指儒、道、阴阳、法、墨、纵横、杂、名、农九家，加小说家共十家。江湖借用“九流”一词来把江湖行业分为九等，但如何分法，众说纷纭。第一，通称的“九流”，指“一流举子二流医，三流地理四流推，五流丹青六流相，七僧八道九琴棋”。其中“推”，指五行推算命运的术士，也有说成推拿伤科的医生。第二，洪门“九流”，分上、中、下三类：上九流，指“一流佛祖二流仙，三流皇帝四流官，五流斗会六流秤，七工八商九庄田”，其中“斗会”指牙行，“秤”指摊贩；中九流，指“一流药草二流戏，三流地藏四流推，五流外课六流勺，七拳八命九长随”，其中“戏”指街头玩耍把戏，“地藏”指测字占卦，“推”指推车扛货苦力，“外课”指以色相诈骗，“勺”指上门行骗，“长随”指牵骆驼赶马的脚夫；下九流，指“一流王八二流龟，三流戏子四流吹，五流抬轿六抹杠，七修八摸九吹灰”，其中“吹”是吹鼓手，“修”指修脚匠，“摸”指剃头匠，“吹灰”指卖水烟者。第三，江湖“九流”，分上、中、下三类：上九流，指“一流帝王二圣贤，三流隐逸四童仙，五流文士六流武，七工八商九种田”；中九流，指“一流举子二流医，三相四金五流皮，丹青僧道九琴棋”，其中“皮”指卖解售药者；下九流，指皂隶、衙役、升秤、女尼、媒婆、杂用、窝家、窃贼、娼家。第四，晚清江南乞丐门中的下九流，指“一乱把（设赌摊者）、二黑老（贩烟土者）、三条子（人口贩子）、四哀戳（告地状和假丧家）、五硬扒（拦劫者）、六软取（街头求讨者）、七走江海（流浪乞丐）、八装洋（欺骗顾客者）、九小窃”。

五花，本是军事术语，指金木水火土五种阵势，江湖上用以指车船店脚牙五种服务性行业。车，指从事抬轿、驾车、推车等陆路交通运输的劳动者；船，指从事载客和货物河海运输的劳动者；店，指在交通大道旁设客店、车铺、茶馆、酒肆等以接待过往客商行人车轿骡马等打尖住宿的服务人员；脚，就是“脚行”，在码头和街头为客人搬运货物行李的脚夫；牙，指牙商，在牙行为买卖双方洽谈交易中进行调合并抽收一定佣金的牙人。此外，还有一种说法，即以“金菊花”指卖花女人，“木棉花”指街上治病郎中，“水仙花”指酒楼歌女，“火棘花”指玩杂耍艺人，“土牛花”指挑夫。

八门，也是军事术语，指术数家的八门阵势，即遁甲中的“休、生、伤、杜、死、景、惊、开”，配以九宫。以开休生三门为吉，余门为凶。江湖中用以指民间流浪艺人的各种行当，一般指“金皮利挂”和“平团调柳”两大类组成的八大门户。金门，指的是算命、相面、拆字等行当；皮行，指行医卖药者；利门，也叫彩门，指变戏法、幻术、杂耍、写字卖画艺人；挂门，指演武卖解耍杂技的卖艺人；平门，是说北方评书的民间艺人；团门，是相声表演者；调门，指盛行于各地的北方戏曲，即唱大戏者，也叫草台班或江湖班；柳门，指以唱为主的各种地方曲艺。

此外，江湖还有下四门或野四门之说，也称四大海湖，指的是风、火、池、妖。风门，指拐卖人口者；火门，指用巫术骗钱财；池门，也称雀门，指开设赌局；妖门，指用年轻妇女色相设局诈骗的帮伙。

下面我们按其行业，详细介绍。

### （一）江湖术士

江湖术士，指的是从事金门（也说成惊门）的江湖人，是汉代神仙方士在道教兴起后的一个分支，他们散处民间，四处流浪，采用瞒天过海的手法，设陷阱，特别是利用旧社会人们迷信命运的思想，揣度人们的求助心理，编造出安慰人们精神的花言巧语，来骗取钱财。

“金”为八门之首。江湖术士所操生计之术，主要有九种，故旧有“九金，十八皮，七十二套寡头”之说。它们是：算命、看相、测字、扶乩、圆光、走阴、星象、法师、端公。学通了金门，就会对其他七门触类旁通。如江湖上所谓的

“金改皮，一早晨”，就是说明金门骗人的原则、伎俩，有很多地方适应皮门。金门察言观色的本领以及拍马的“兴岗”(颂扬言词)，更是其他几门所需要的基本功。他们上骗皇帝、文武百官，下骗黎民百姓，靠的是一套套的诡计。如所谓的“三场半门坎”就是其中的圈套之一：三场，就是设三次陷阱引人上钩并把钱骗到手中；半场，就是钱到手后脱身、推卸责任，即“退场”。第一场叫“吹场”，即宣传自己；第二场叫“进场”，即把人引入圈套，使人信以为真；第三场叫“宰场”，即敲诈对方。当然，这要全靠把稻草说成金条的铁嘴。

1. 算命先生

算命，又叫看八字，也称“八黑”、“子平金”，即根据求算者所报生辰，按天干地支依次排列成八个字，再排出五行生克关系推断命运，相传始于战国时代著名纵横家鬼谷子。算命先生有三类。一类是开铺子或摆摊，摊上放笔墨纸砚及破旧命书，挂“小诸葛”、“亚伯温”、“赛神仙”、“×半仙”招牌，外列服务价格表；一类拿三块木片或竹板，边走边敲边叫“算年灾月降，算富贵贫贱”；一类提一把胡琴，拉着“豆香红豆腐”等简单调门，招徕顾客。后两种多半是盲人或装瞎之人。

2. 相士

看相算命的总称叫“斩盘”，也叫“戗金”、“戗盘”，可以根据人的面貌、五观、骨骼、气色、体态、手纹等生理条件推断吉凶祸福、富贵贫贱寿夭，也可侧重于某一生理条件，如面相、骨相、手相。江湖相士一般自诩得《麻衣相法》真传，讲究气度不凡，穿着讲究（“挂洒火衫”）、口齿（“碟子”）利落、嗓子（“夯儿”）嘹亮，并且深谙相术之理。《英耀篇》为师门秘本，着重强调了相士所使用的六种方法：一是敲，旁敲侧击；二是打，突然发问，使对方在毫无准备之下吐露真言；三是审，察貌辨色，判分真伪，从已知判断出未知；四是千，刺激、责骂或恐吓，击其要害；五是隆，赞美、恭维和安慰；六是卖，掌握了对方实底后，一一从容摆出，使对方惊异和折服。此外，还有八百多种《玄关秘诀》，也是专讲如何揣度人心、巧言附会的。

3. 测字先生

测字总称为“戳小黑”，测字又名“拆字”，即以汉字加减笔画，拆开偏旁，或打乱字体结构，加以拼凑组合，玩弄附会来推算吉凶。《后汉书 · 蔡茂传》载：“茂梦生大殿，极上有三穗禾，茂跳取之，得其中穗，辄复失之。以问主簿郭贺，郭贺离席庆曰：‘大殿者，宫府之形象也。于字禾失家秩，虽曰失之，乃所得禄秩也。’”有人称此为拆字之由始。

测字先生首先要懂得书理，会破字、组字、相字，而且还会“把簧”，即熟悉人情世故，见机行事，自圆其说。如崇祯帝朱由检微服私访，遇一拆字摊，报“有”字令其拆之，术者说不妙，“大明”江山已去一半；帝改为“友”字，术者惊讶，说反者出头为友；帝又急改口为“酉”字，术者更讶，说更糟，天子另称天下至尊，今“酉”字是上去头、下去脚，已不能主宰天下了。虽为传说，可窥术者之狡黠。

4. 圆光术士

圆光用的是幻术，其法多种，《晋书·佛图澄传》载，刘曜攻洛阳，佛图澄令一童子洁斋七日，取麻油合胭脂躬自研于掌中，举手示童子，粲然有辉。童子惊曰：“有军马甚众，见一人长大白皙，以朱丝缚其肘。”这就是后代圆光的开始，也是圆光的方法之一，即让一小孩闭上眼睛，用手指在他眼前画符，口中念念有词，再用手掌轻揉小孩眼睛，叫他看术士手掌是否放光，见什么报告什么。第二种，扫一间净室，中放一桌，桌放一栲栳，里装满米麦，米麦中安一镜子，镜子四周插满小旗和箭，镜前悬一明灯，令三个童子紧盯镜子，见什么就报告什么。第三种，设香案，剪白纸一方，长宽各二尺许，盖在一方形器上，然后术士对着方形器念咒，喷一口清水，取过案上香水，在纸上划来划去，再叫童子看着纸，看到什么就报告什么。宋代已破解过圆光幻术，当术者用手或水来洗、揉童子眼睛时，手上或水内就已渗入麻痹眼球而使之出现幻觉的药物。

5. 扶乩之士

扶乩，又叫“飞鸾宣化”，术士以鬼神的名义用丁字架在架下放置的沙盘上画沙作字，以断吉凶祸福。术士由三少年组成，一人画沙作字，叫天才，是“乩手”；一人管记录，叫地才；一人管报字解释，叫人才。

6. 占星家

占星家是指根据自然界的星象变化和天气状况来附会人事、推断祸福的术士。他们称皇帝为紫微星，宰相为文曲星，元帅是武曲星，并分黑道凶日和黄道吉日决定人们婚丧嫁娶、上任出行、上梁拆迁等诸多事宜。

7. 走阴的

古人把死人的世界叫作阴间，民间以为有些活人能管阴曹地府的事，这些人就是以走阴为业的江湖人，男者叫“走无常”，女者叫“师娘子”。

走无常本人总不肯承认自己在阴间兼职，恐泄天机、招惩罚，但却借别人之口替他传名，编出种种故事，广告他的勾魂事迹，诱人找他询问前途命运，并且总在再三恳求、许以优酬下才“无可奈何”地测算其命运祸福。师娘子的做法则主要是请神显灵附体，传达家事，领取报酬。

8. 法师和巫师

① 法师。法师又称魔法师，如投效在张天师手下，因天师是六品官，还可以唤作“法官”，指的是以符箓术为生的人。符箓是一种以书法为基础结合象形文、九叠文、合成文等，再用朱红墨缭绕成文的东西。法师在江湖上专门出售避火、治病、镇煞、保身、免疫、五雷、五将、财神以及祈雨、求晴等符箓，宣传这种东西能传达神的旨意，镇妖驱邪，转移吉凶，延年益寿。

法师主要任务是收妖。他们宣扬世界上到处是妖魔鬼怪，而自己精通“五雷天心正法”，念通“急急如律令”，可以请神降妖伏魔。法师还宣称可以召亡灵，降真仙。历史上曾有李少君召回李夫人的亡灵，使之与汉武帝会见的故事，结果因弄虚作假，为武帝识破而被杀。唐时也有蜀人杨通幽，自称能召回杨贵妃魂与明皇会面，但魂未召回，便扯谎说他去海外三山，见了贵妃，但贵妃不愿返回，只叫他带几句悄悄话，回来转告皇上。这几句谎言，引起了贵妃东渡日本避难的传说。还有的法师，与妓女配合，能召九天玄女、后土夫人、西王母、巫山神女、麻姑、鲍姑等仙女下凡，陪凡夫俗子睡觉，“与生人无异”。

② 巫师。巫师是与鬼打交道的术士，男巫也叫“端公”、“师公”、“神汉”，女巫又叫“师婆”、“巫婆”、“巫女”、“神婆”。如果有人家宅不利或生病，疑为鬼魔作祟，便请巫师来收鬼、送鬼或杀鬼，叫作法事。小法事用米一升插香供神，法事完后除得到钱外，还把这些米背回家；大法事则用米三五升至一二斗。法事送鬼时，巫师用一碗冷饭掺水泼出去，说鬼饿了想吃饭，饭饱便离开；收鬼时，巫师用一陶罐，叫“游尸罐”，把鬼捉起来装进去；杀鬼时，巫师用“师刀”（宝剑）把鬼劈死。做完后，便要送神，最后几句是：“天圆地方，律令九章，送神过后，大吉大昌。吾奉太上老君急急如律令。”传说鬼是巫师挣钱的工具，一旦没钱用了，就打开陶罐，放鬼出来祸人（叫“放五猖”），受害者便求他收鬼，他就有钱赚了。

巫师在收鬼斩鬼过程中，常玩些花样，以便使人们信以为真。先在神坛前的篾席上走“禹步”，然后“斗法”：或上刀山，或下火海穿铁铧，或发火粉，或下油锅。斩鬼时还会在黄表纸上显出“血迹”。

巫师还会魇胜之术，利用咒语和象征的物体来诅咒仇人。先做“偶人”，即用纸剪个纸人或用草木制成人形，在其上写仇人姓名和生辰，再用一张蓝纸，剪成五个蓝鬼，和纸人一起，用针钉住，然后念咒诅之。咒语荒诞不经，如：“东告东方朔，西告西方朔，南告南方朔，北告北方朔，上告上方朔，下告下方朔。”“一二三，一二三，弟子学法在茅山，茅山有个茅老道，子牙先生把道传。”这样一来，仇人就会遭难乃至暴病身亡。

9. 风水先生

风水先生也叫堪舆家，是替人选择吉利坟地和宅地，同时做阴阳生，给人“批殃榜”的人，也称之为“地师”、“地仙”、“阴阳先生”。

相地行当已见于《诗经》和《书经》，秦汉时已普遍流行。《史记》曾载蒙恬临死前愧悔修长城而挖断“地脉”，淮阴侯韩信葬母也埋之于可置万家的高敞地。风水先生大多懂风水术，但他们总是把本来有些道理的东西神秘化、迷信化，以骗人钱财。例如，说尸体葬在养尸之地，就会遍地生出白毛、黄毛和黑毛，经过一段时间，吸收了日月精华之后，就会变成妖怪。如果变为魃，就会出现旱灾；如果变为魔，夜间就会出来吞食牲畜和小孩。而实际上他们所说的“养尸地”，只是因林木覆盖、空气土壤潮湿，适宜真菌繁殖而已，白黄黑毛，乃菌丝。

“批殃榜”是指人死后，家人请风水先生验看死者，开具殃榜或殃书，上写生卒年月、入葬、出殡时间等。在古代，没有殃榜，官府则不开入地埋葬的“许可证”。

### （二）江湖郎中

江湖郎中属于皮门。皮门（也作“疲门”）十八种指医门十三科另加中药、草药、成品药、西药和兽药。皮门就是那些浪迹江湖、以行医卖药为生的人，又称“走方医”、“江湖郎中”、“野医生”。他们走街串巷，或者在庙会集市设摊，自诩赛华佗、赛扁鹊、祖传秘方、妙手回春、济世扶危，招徕顾客。其中也有“枪响鸟落，药到病除”、“一味丹方草药，气死名医”的高明者，但大多为滥竽充数的不法之徒，不是真心为病人治病，而是对患者诡称病因，乘机敲诈，甚至使用假药霸剂，危及生命。

传说扁鹊、华佗是皮行祖师。扁鹊在赵国为带下医，在秦国为小儿医，途经虢国又为太子医休克，明显是位走方郎中；华佗在许昌给曹操治头风，在襄樊给关羽医箭创，也不坐堂。并且《史记》也说扁鹊饮了上池水，能看透人的五脏。这些，都为游医吹捧自己提供了路子。而实际上，有钱就租房子买房子开医馆办诊所，无钱就赶场摆摊当游医，历代许多名医贤士就是先在民间行医而后享有盛名的。

1. 皮行分类

皮行有各种各样的活动方式和说法，择要简介如下：

① 摆四平。在庙会或闹市街头设摊，桌上摆药瓶为人治病。并当众“使捻子”，即用铁锉子挫药。

② 占谷。在庙会或闹市街头的地上，铺设少量药瓶为人治病。

③ 推包。手摇虎撑（即推子，俗名串铃，在一个直径四五寸的环形铜圈中置几粒铁弹，手摇时铃声作响），扛长布作招牌，走街行医者。相传“虎撑”为药王孙思邈所创造使用，说一虎腔中嵌入骨梗，孙便造“虎撑”置于虎口，以便用手

伸入口中拔出骨梗。虎愈后成为孙的坐骑。

④ 皮行小包。总称专卖各种药物者。

⑤ 放边汉。用铁条自打背臂胸肋的卖跌打损伤膏药者。

⑥ 青子图。用小刀自割臂膀出血而卖刀伤膏药者。

⑦ 龙宫图。卖橡皮夹纸制的刀伤膏药者。

⑧ 香工。说卖膏药不要钱，只求给香敬神，但香也可以用钱代替。

⑨ 收包。自称是江湖戏班武行演员，专到农村乡间，以治疗伤筋损骨病症为主者。

⑩ 挑柳驼。收包的一类，假装唱戏艺人，但懂得“调”门行规礼节，才可以混进“草台班”而随之到农村串演大戏。每逢戏班散戏时候，“柳驼”就穿戴起武生短打衣帽，拿单刀冲出台来，说声别走，我还有出戏来，将观众叫住，然后跳下台，兜售膏药。

⑪ 草汉。专在庙会和街头闹市摆设草药摊者。

⑫ 狼包。也叫“钓李子”，卖吊虫丸药者。挂许多蛔虫在竹竿上做标记，这些虫实际上是乌龟腹内的旁肠，叫狼形，有口有尾，人所罕见，但它的双目却是以铁针烧红刺成的。

⑬ 倒毛水。卖吊虫丸药者，但不挂蛔虫，而是于无人处，

先将饭粒和蛔虫或小钱币、涎水之类倒在地上，伪装服药的呕吐物，以示服药之效。

⑭ 根根子。卖参、三七等假草药者。

⑮ 追李子。卖根茎草药配制成的药酒者。

⑯ 招汉。称卖眼药者。江湖切口称眼为“招子”。

⑰ 聚麻。先变戏法招聚人群，而后卖药者。

⑱ 弹弓图。以弹弓打弹子为幌子卖膏药者。他们凭着技巧，能打出各种花样，以赢得人们钦佩，以致买他的药。

⑲ 软帐。自称卖治疗花柳病药丸者，实际是卖假春药者。

⑳ 卖甜头。总称卖止咳化痰梨膏药糖者。

㉑ 卖噪包。敲锣卖梨膏药糖者。

㉒ 剉木甜头。剉药入糖，当场熬制成梨膏糖。卖者边卖边唱，内容为药名和治病方剂。

㉓ 小包甜头。把梨膏药糖锯成小片兜售。

㉔ 羽头子。祝由科画符治病者。祝由，就是用祝祷的形式说病由，不劳针石，画符念咒为人治病。

㉕ 拔牙和挑牙虫。一类是“太阳伞拔牙”，大油布伞下置一小车，两旁堆放木箱，上放牙齿、刀钳药瓶，并专有秘制“化骨散”，抹在病牙上，拔之不痛；一类是妇女们从事的行

当，她们走街串巷，喊叫“挑牙虫”、“剪花样”，事先将籽浸泡去黑衣，预先放在特制的银簪中，挑拨牙齿时，暗中混入血沫中，乍看酷似蠕动的细虫。

㉖点治面痣。墙上挂一人脸部图样布，脸部点上许多黑红痣，注明每痣的凶吉祸福，让有痣者“对号入座”，然后用药水点痣。

2. 皮门技巧

皮门门类虽多，但内外妇儿诸科，均采用同一模式，即“老海”（闯江湖者）所总结的“擒拿谝打迎送勾盖”八个字，以招徕病人，对付病人，要钱，掩盖退场。在这一行为模式中，离不开“里”与“尖”。“里”，指郎中必须懂得心理学，善于应付病人；“尖”，指真实技术。有谚曰：“里中尖，是神仙；尖中里，了不起”，就说了郎中应该应付多于技术，而技术为主则次之。

① 招徕技巧。第一种是编造师承渊源及假医案、传奇故事。有的编出离奇故事，如扁鹊的饮上池水，孙思邈得“龙宫方”，都罩以仙授、异人授的光环；有的自称师为峨眉和尚、青城道士、九华山尼姑、鸡足山隐士，玩的是江湖上所谓“出锋”的把戏；有的则鼓吹拥有专治疑难病症如骨髓炎、

败血症、癫痫病的秘方，祖传，并且列出诊治人数、效果，甚至感谢信。第二种是收购“吹鼓手”，为自己四处乱吹和拉病人。这些吹鼓手，都是郎中雇来假扮病人的。第三种是利用大众传播媒介，如电视、报刊等刊发广告，或四处散发传单，张贴广告。第四种是花钱找名人题字、送匾对、锦旗鸣谢。第五种是财力单薄，只好用价钱优惠、先治后付款或分账付款的方法争取顾客。

② 挡病人花样。“挡病人”包括诊断和治疗两个方面。诊断的花样很多，主要掌握两个原则，一是“摆”，把轻病说成重病，把重病说成绝症，二是“搭”，不用病人开口诉说，三根指头在其手腕的寸关尺上一搭，就能说出病症，而这些病症，就是一般人在一个大致年龄段中生理上可能发生的症状。如，在诊柴氏（已婚中年妇女）时，就可以把中年妇女“上面说到脑门心，下面说到脚板心”，只要碰对三四项症状，病人便觉得他有本事，从而相信他能治愈，让他治疗：“你嫂嫂这个病，依脉象看来，阴阴阳阳，都已经时间不短了。你家里当家人，说你饭也吃得，觉也睡得，路也走得，不像是个有病的。又道是男病怕新鲜，女病怕陈旧，未必硬要欠拖，拖到倒床不起才算病，那时节医就迟了。现在医不算太迟，

还来得及。你脉象上的反应看来，有时头昏头晕，偶尔还有点疼，口里淡而无味，吃东西也觉不出味道，兼之气血不调，血脉不和，月分（月经）中又受了一口气，郁积在胸，气滞不能流通，还有点反饱作胀，胸肋也有疼痛感觉，手足时而麻麻痹痹，小腹隐痛，四肢骨节酸痛，那时医，就迟了。趁早好好医一番，多吃几副药。”这颇能唬人的一套病因，江湖中叫“捋黏啃条子”。

诊治过程中，花样更多。一是“擂”，遇到能治疗好的病，就尽力把病往重处擂，一旦治愈，就成为吹嘘自己了不起的本钱，并使病人充当义务吹鼓手，为之“传名”；遇到不能治疗的病，也斩钉截铁说能医好，甚至劈雷子，拍胸打包票，赌咒发誓，以便接住生意。二是“钢牙巴”，治疗无效硬说有效。如江湖老海行医，一般先来一阵按摩，或扎一针“钉棚”。按摩可以使人暂时有一定的舒服感，所以当问“好了吗”时，一般回答说“好些了”；若回答“和原先差不多，他便重手法提他的麻筋，使之麻且疼，又不愿当众告饶，只好说“好些了”。这叫“逼响”，意即“响岗”（好转）是逼着说出来的。三是拖，用“叫响（有效）不叫着（治愈）”的暂时缓释病症的药，作为药拖，而采取魔术般的假手段，冒充有效。其花样纷繁。如：吞瓷片〔卖药酒者把瓷片（实际是乌贼鱼骨）和酒吞下，吹嘘其药酒能化瓷片，更能化包块、祛瘀血〕、檀掌拖（用梧桐树皮或榆皮浸泡出液，将其液置于膏药中心合上，用时烤开膏药贴患处，过几分钟扯下，医者指着涎丝，吹嘘是拔出的病毒。也可用猪心血制成“光子拖”）、屙小狗（用斑蝥为丸，服以治狂犬病，小便便会屙出被其毒破坏而出的血肉块，医者便说是小狗，病将好。类似的还有屙黑屎、放屁拖、睡刀床、绳勒颈、打钢板、取眼蒙子、一粒金丹等等）。

③ 诈钱之道。江湖郎中讲究“陡抽、平挡、软勾当”，所用之药平和，廉价，但要卖个好价钱，便要在卖药技巧上狠下功夫。常见的有下面几种方式：第一，攮弄啃，“啃”是药物。皮行生意多半仗着一个底啃（基本药物），即单方，然后混入大量跟治病无关的东西，降低成本。第二，以大烟（“海草”）为主，使之时好时坏，长期购买。第三，用压低药价的方式“催啃”。第四，鬼插腿，骗人买药：“众位，我这药本钱很大，利却很薄，今天为了传名，我每人送一副，带回家去。倘若吃了我这药，不咳嗽了，便是好药。我这药只送在家孝敬父母、在外爱交朋友的人。哪位要，接我一张票，接着了

就算一份。”发完票后接着说，“这种药配制不容易。以前有人以为不是花钱买的，回到家里就扔了，后来听别人说我这药有效力，懊悔不及。君子好办，小人难治，白吃白送也不好。今天我只收一元钱的本，每副一丸，我再送一丸，如若吃不好，我退钱，吃好了给我传名。”第五，翻钢叠杵，江湖人称准能挣钱的方法为“杵门子”。卖药时，见病人钱少，送走了之；若病人钱多，郎中就问其病情，建议他买既治病又补气的“双料特效药”。这种推翻原来讲好的价钱另作商量的手段叫“翻钢”；给完药后，再向病人索要两倍的钱，诱其就范，叫“叠杵”。“翻钢”是前提，“叠杵”是目的。第六，神仙口儿，夸大其词，物超所值：“我这药专治咳嗽，不论远年近日，不论顽症新病，吃了准保好。若治不好，再来找我，原钱退回，再赔你车费。”

④ 退场技艺。老海以平和之药治病，弄不出乱子。故见到病不能再治时，极易抽身。第一，抽撤口儿，也叫“拉好了后门”。病人买了他这包治百病、百治不爽的药后，他又说：“弹打无命鸟，病治有缘人。治不好那是该着不好，百日灾难，九十九天好不了。要是吃了不管用，再也别花那冤枉钱了，另请高明吧。”或说：“治着病了，治不了命。”第二，

药方上出难题，让病人知难而退。鲁迅先生曾讥诮这一行为。说郎中竟要以“原配蟋蟀”为药引。第三，在禁忌上做退场，他们要求病人禁忌的东西非常广泛，除吃饭穿衣外，还有忌风、忌太阳，甚至忌“心不诚”者，或不孝父母者、做亏心事者。这些方式，就是“软勾当”。

3. 皮门药品

江湖郎中所卖药品，主要是假药和野药。

江湖中称假药叫“腥货”。《博物志》、《古今秘苑》上曾载过假琥珀，用孵过的鸡蛋，或用苏木、紫草、松脂加白蜡溶化后再凝结，可制成假琥珀。以后的史料中记载的假药更是数不胜数，如假珍珠、假冰片、假乳香、假人参、假天麻、假西洋参、假川贝、假三七、假龟板、假虎骨、假鹿茸、假三鞭、假海狗肾。此外，还有一些假合成药，如假药酒、假九丁十三参、假狗皮膏药、假熊胆眼药、假火炼金丹、假化积丸。

野药，指见效明显，但副作用大，一般慎用的中草药，有些大胆野郎中在同行竞争中，却常用这些“治病不治命”的“霸道药”。这些方子有两个特点：一是敢用顶、串方子。“顶”，是指用吐法治病，“串”是指用泻法治病，为老海郎中的不二法门，故他们之间“冲壳子”，都以懂得顶、串而自豪，并把“九顶十八串”常挂在口头。《串雅》所载，顶方多用巴豆（“刚子”）、硫黄、牵牛等泻药，串方多用马粪。因此，有可能毒死人、泻死人。二是敢用剧毒药物。如用马钱子治骨伤，叫“跳骨丹”，服用后病人颤抖的中毒症状，被他们解释为自动复位接骨。再如用鸦片烟膏或罂粟壳制成的“一粒金丹”，尽管能一时缓解症状，可镇痛、止咳、平喘、兴阳，但药效一过，病情更重，且常服成瘾。

当然，江湖郎中一般坚持“平挡”的原则，只用平和药物治病，怕治不好伤人性命带来麻烦，对野药用之较慎。

### （三）江湖艺人

江湖艺人，即江湖所称利门和挂门，是闯荡江湖、说唱杂耍卖艺者的总称，包括变戏法、弄幻术杂耍、弹唱说书、表演相声口技、唱大鼓竹板、写字卖画等文生意艺人以及使拳弄棍、走索卖解、演武术杂技、保镖等武生意艺人。他们都凭着真实过硬的“绝活”，在经济繁荣、人多热闹的都市、商埠、码头等地方“走马穴儿”，显身卖艺，常常令人眼花缭乱，回味无穷。

1. 杂技艺人

杂技艺人的行当江湖上称为“彩门”，统称“彩立子”。彩立子包括变戏法和卖戏法两个大类，有变戏法的“彩立子”，变戏法兼表演武术的“阡子”，卖戏法的“挑除供的”，变洋戏法的“色糖立子”。其中变戏法以表演为主，不向观众传授戏法；而“挑除供的”则以卖戏法为主，靠向观众传授戏法挣钱。

“彩立子”带变的戏法有：罗圈当当、吞宝剑、吞铁球、八仙过海、扇碟扇碗、八仙对果、巧变火炉、巧变果酒、大变酒席、五子夺魁、寿桃寿面、九龙闹海、十二连桥、十三太保、巧变珠灯、巧捕家雀、滴水成冰、冰开献鱼、海底捞月、封侯挂印、杯中生莲、口内喷火、口吐莲花、火内套彩、飞鼠盗粮、仙人摘豆、仙人摘梨、平地砸杯、破扇还原等。

变戏法是我国传统的“古彩戏法”，许多古籍中都有记载。据说春秋战国时期已有萌芽，至汉而初步形成，当时称“角抵戏”。《汉书·武帝纪》说，元封三年，作角抵戏，三百里内皆来观，有装扮人物的乐舞，也有装扮动物的“鱼龙曼延”，武帝还征全国艺人进行过一次舞乐百戏大会演。东汉张衡《西京赋》中已有“扛鼎”、“寻橦”、“北濯”、“铦锋”、“跳丸剑”、“走索上”的记载。隋唐百戏盛行，也称为“散乐百戏”。宋元瓦舍、勾栏都是江湖艺人的活动场所。明人田汝成《西湖游览志余》中记道：“苏堤一带，桃柳荫浓，红翠间错。走索、骠骑、飞钱、拔钹、踢木、撒沙、吞刀、吐火、跃圈、斛斗、舞盘及诸色禽虫之戏，纷然丛集。”

变戏法时，总在场内置一圆笼，上书“×××堂，专应堂会，巧变戏法”，对面放各种道具；表演时，大人掌买卖，小孩抖搂包袱（现场逗笑）。

“挑除供”常变戏法有：巧变金钱、金钱抱柱、棒打金钱、三仙归洞、霸王卸甲、仙人解帕、空盒变烟、巧变鸡蛋、木棍自起等。一般支个大案子，后边以靠墙为好，墙上挂布摆子。布摆子上写着“×××堂”或“××魔术团”，两旁小字是“传授戏法，当时管会”，底下标明所传授的戏法内容，包括手法门、药法门、符法门和彩门等许多种。虽然摊子上写得样样俱全，应有尽有，但照规矩，不该卖的还是不卖。卖戏法的人把手法写在纸上，让人买走，如“仙人脱衣”，其手法就是把一种使人刺痒的药藏在指甲内，趁人不注意时，弹入人衣领内，那人便刺痒难受，以致把衣服脱下。因此，卖戏法跟江湖术士、江湖郎中一样，都需要有前后棚的两种功夫，前棚包括“圆黏儿”（用广告或戏法招徕观众）、“拴马桩儿”（设法让围观的人别再散去）、“卖弄活儿”（卖弄本事，自我吹嘘）、“撤幅子”（兜售印好的戏法法门）等；后棚包括“把点水火”（能一眼看准谁有钱愿买戏法）、“翻钢叠杵”（加倍提价）、“挑雨字头”（卖符法）、“使样色”（以假乱真）、“平点”（把顾客稳住，使其心动）等。后棚本事一般要靠师傅的真传和自己的悟性。

此外，还有一种大型的“马戏班”，也称“跑马走解”，二三十人一班，大都是以夫妇、子媳、女婿、徒弟组成的家庭班，用“对包利子”和“烘当利子”的表演形式，设场子，围布幕，树竹木长竿，插标旗彩旗，在幕门前敲锣打鼓，大声喊叫，招徕观众。表演顺序一般先由小孩表演踢腿弯腰翻筋斗，再由年轻妇女表演马术，再配以各种杂耍玩技，凑成一台节目。

2. 说书艺人

说书艺人指的是说北方评书的人，即“平门”，因为他们说书要用竹板、醒木、扇子，故又称之为“团柴的”、“使短家伙的”。评书，古称“说话”，说书者叫“说话人”，以讲史、讲经、讲小说为主，常讲中加以评论，故又有“评话”、“评书”之称。北方评书，据说为明末清初著名艺人泰州柳敬亭北上至京时所传授，同治、光绪年间，正式定名为“北方评书”，并自成江湖一门。平门有三大门户，也叫“三臣”，即何良臣、邓光臣、安良臣。如今的北京说书艺人，多为三臣支派。

评书有“袍带”（以三国、水浒、岳传等古典演义小说为主）和“短打”（以彭公、济公等公案书为主）之分，各说各行，互不干扰。

平门供奉孔子、周庄王、文昌公为祖师爷，收门徒，拜师仪式上，要给三位烧香叩头，各秉师承，忠贞不渝。出师时，师父授醒木一块，折扇一把，白布手巾一方，名为“三宝”。拍醒木是开讲和停讲信号，也可制造气氛；折扇可拟代各种兵器及马鞭、笏板，并把它开、合、扇、掩以表现喜怒哀乐；白布巾代合同、书信、状纸、账簿、诏书、抹布、披肩布。

说书之前，要先说一段开场白：“一块醒木七下分，上至君王下至臣。君王一块辖文武，文武一块管黎民，圣人一块惊儒教，天师一块警鬼神，僧家一块劝佛法，道家一块劝玄门。一块落到江湖手，流落八方劝世人。湖海朋友不供我，如要有艺论家门。”

说书人必须善使“扣子”，以便抓住听众，让他们乐于掏钱。扣子有小扣子、碎扣子、连环扣子、大扣子、最大扣子几种，一般是在有悬念的地方设扣子，扣住听众心弦。

3. 鼓书艺人

鼓书艺人以唱大鼓为生，也叫“柳海轰”、“使长家伙的”。大鼓行是柳门（即以唱为主的各种曲艺）的主要形式之一，起源被推到尧舜时代朝堂里设立的谏鼓，虽是以下谏上，然而也是一种教化的意义。西周庄王姬佗，击鼓化民，正风化俗，成为鼓行艺人的祖师爷，其神位供在艺人后台的神桌上。艺人的大鼓，若按旧规，应当镶钉一百个铜钉，符合传说中周文王有百子的含意。艺人奔波行走时，把大鼓塞在布褡裢袋内，搭在肩上，弦子的鼓皮朝上，倒扛在肩上，成为鼓行艺人的标志。

过去，唱大鼓的有两门，一是黄河以北的梅清胡赵门，唱西河调（流行于河北山西的滹沱河畔）和怯口大鼓（即京韵大鼓，一名小口大鼓，当初北京艺人称外乡的西河大鼓为“怯大鼓”，京韵大鼓在怯大鼓的基础上，腔调翻新，加上刀枪架儿，有唱有做，又名“文武大鼓”、“武段”，与梅花大鼓专唱儿女情长的“文段”相对应。最后才定名为京韵大鼓）；一是黄河以南及大江南北的孙、财、杨、张门，唱犁铧调与山东大鼓（发源于山东济南，最初来自农村，以两片破碎犁铧为乐器，唱者多男性；后逐渐流行，也增加了许多女艺人，并增添三弦大鼓伴奏，也称为梨花大鼓）。

柳门除大鼓外，还有单弦、快板、八角鼓、时调、坠子、琴书、莲花落、道情、皮影、数来宝、快书等，还有以乐器模仿唱音的单弦拉戏、大擂拉戏等。一般要求艺人要“人式顺溜”（模样好）、“碟子正”（口齿清楚）、“夯头正”（嗓音好听）、“发托卖像警人”（表情丰富），会看地势，会使扣子，简单明白，一听就懂。

4. 相声艺人

相声艺人为团门，因江湖上称专门“说”的艺人为“春”，因此又称他们为“团春”或“凑春”。说单口的叫“单春”，说对口的叫“双春”，说群口的叫“群春”；还有一种称为“暗春”，也叫口技或隔壁戏，用幔帐围着，演员运用口腔发音，模仿虫鸟走兽、机械等声音和某些人类生活的声音，如军队出操、婴儿啼哭、深夜火灾等。

相声的起源，可推溯到春秋战国时期宫廷里的小丑徘优的演出，汉武帝时的东方朔，诙谐幽默，善说笑话，被后世认为是滑稽喜剧行的祖师，团门艺人供奉的，就是有绺胡须的东方朔的木偶神像。近代的相声，则源于北京，创始人叫朱少文，清咸丰年间落第举人，以说学逗唱为主，在街头演出，并标艺名为“穷不怕”，创出相声这一行当。日后有人加入“吹打拉弹”，更丰富了相声的演技。相声，以其艺模仿人们的相貌形容喜怒哀乐，使人观之而能解颐，以其声显出痴呆聋哑的表情，再学各地不同的方言而得名。初时流浪街头，演无定所，朱少文创“划锅”拉场子的办法，用手撒白沙划一圆圈，观众在圈外观看；后为活跃气氛，他一边唱小曲，一边撒白沙为字，趣味盎然。

5. 打把式的

武术，俗称把式、夜叉，属于挂门。从事挂子行的人又分为尖挂子和里腥挂子两类。尖挂子是指那些经过名师真传、确有一些真本领的武行；里腥挂子则是指那些也会一些拳脚和枪棒，但不过用来表演的一些花架子，并没有什么真功夫的人。“尖”，是真正的意思；“里腥”，是假的意思。

武术行有拳脚、器械打法的不同流派，各有套路，此外，从前武术行所从事的职业也是多种多样的，大致分为“支”、

“拉”、“戳”、“点”几种。“支”行是为显宦富绅保家护院的；“拉”行是开设镖局的，专为客商走镖护钱送物；“戳”是设立武馆教徒授艺的；“点”是武行街头卖艺的。下面重点介绍“拉”、“点”行武艺人。

① 保镖。旧社会盗匪猖獗，产生了从事保护财产和人身安全的保镖业，从事此行的都是武师，称为保镖、镖师、镖客，可分为个人保镖和镖局保镖两类。个人保镖是为达官贵人、政坛领袖和富商巨贾提供贴身保护的，如慈禧太后的保镖林泰清，谭嗣同的保镖大刀王五，孙中山的保镖杜心五，陈立夫的保镖马福官，他们必须艺高惊人，忠心耿耿，胆大心细。镖局则是为社会上更广泛的人们提供保护的。开办镖局，必须具备一些条件，如主办人在官方私方都叫得响，能雇来本领高强的人做镖师，开张前要下请帖请各道朋友先行亮镖，得有人捧场和宣传。镖局走镖很不容易。镖师带上伙计，在镖车上插上镖旗，牵马出境，方可骑行。路过外地镖局门前，也要下马打招呼。一路上，大伙计任务很重，一是必须吆喝“合吾”声不断，尤其是到弯道拐角、孤坟旧庙和荒郊野店等强人易于出没的地方，以此喝声表明自己是江湖中人（江湖人自称“老合”）；二是要应付绿林强人的试底盘

问，使不诚心劫镖的人让开大道，放车前行：“祖师爷留下了饭，朋友你能吃遍，兄弟我才吃一线，请朋友留下这一线儿兄弟走吧。”如果碰上执意劫镖的，套交情也没用，镖师就吼一声“轮子盘头”，把所有的镖车围成个大圈，各抄家伙，一齐“鞭托”，动手打斗，“鞭虎挡风”，吓跑、打跑贼人；但不能真杀，镖局不能跟江湖强盗结怨。住店时，店外插镖旗，入夜换灯笼，伙计值班，按更次喊号，大家轮流应和。

② 把式卖艺人。耍把式卖艺人属于“点”行，有的练过真实功夫，只因天灾人祸，落魄江湖，在庙会和街头撂地拉场子卖艺，这一类人叫“尖挂子”。通常先来一套江湖生意口语，拉拢观众，再演练拳腿，刀枪对打，博得喝彩，最后躬身作揖，求些盘缠度日。这类人常被官商富绅看中，聘作保镖。而有些人，仅学过一些花拳绣腿，尽管身材魁梧高大，实际上只能胡蒙看热闹的外行，这“点”行，是“腥挂子”，也称为“清挂子”。还有一种，既打拳卖艺，也带卖伤药和大力丸等药，叫“边挂子”，与皮门中的“放边汉”、“弹弓图”相仿。

还有一种挂门卖艺者，一般由一两个中年人带领几个儿童，拉开场子，敲起铜锣，吸引观众。耍几路拳脚，即向观众告帮求助，然后“逼杆”，以折磨儿童，使之痛苦不堪以赢得观众的怜悯而给予资助。

## （四）江湖骗子

江湖骗子是指江湖上专以欺骗为生的人，即所谓“风火池妖”下四门。他们不同于江湖术士和江湖郎中以自己的行当作掩护，依靠欺骗维持生计，而是完全以欺诈手法，赤裸裸地诈人钱财，做“无本生意”。他们为了达到诈财目的，甚至不惜使被害人骨肉分离、家破人亡，并且以金钱贿通胥吏，互相勾结，以便无恶不作，逍遥法外。

江湖骗子都有五大能耐：一是“把点”，就是物色被骗对象；二是“把杵”，就是考虑是不是能骗成；三是“抛苏”，就是行骗时假戏真做，毫无破绽；四是“亮托”，就是拿出真样品让顾客看货；五是“换托”，在对方上钩后，用调包之计，真的留下，假的给对方。

1. 人贩子

人贩子归为“风门”，“风”者，说此行冒有风险，属于歹徒勾当。

人贩子，北方称为“渣子”、“老渣”，南方则称为“白蚂蚁”，大都是地方上的地痞流氓，串通了当地官府中的差役胥吏为靠山，组织些地方上的无业游民和社会上的三姑六婆之类人物组成的犯罪组织。首先要让“纤手”（三姑六婆之类）打探那些衣食两绝、子女又多的贫困人家，上门游说，事先讲明（行话叫“敞口”）是“活门”还是“死门”。“活门”，就是卖给人家之后准许亲生父母按时去探望；“死门”，就是不准探看。一般“死门”为多，因为人家买男孩是为了抚育成人，传宗接代，怕日后活门惹出麻烦，而买女孩除少数作为丫鬟侍女或江湖艺人培训学艺者之外，多是干非法低贱行业的，如贼、妓女、骗子。同时，还要讲明是把孩子卖给本地（行话叫“不开外山”）还是卖到外地（行话叫“开外山”）。一般在与卖家谈判时讲明“不开外山”哄骗卖家上钩，领走几个月后，都开外山转卖到外地去了。

拐骗人口者，则比人口贩子更恶毒，他们以拐骗青年妇女（切口为“开条子”）和儿童（切口为“拍花”，男孩子为“搬石头”，女孩子为“抢观音”或“嫩条”、“摘桑叶”）为主，妇女大多被骗入妓院，或卖给山沟里为人妇，女孩子则卖到各埠妓院当雏妓、做婢女、粤中歌妓的养女、咸水妹的养女、富尼庵的徒弟，一般采取家蓄为制造阴枣（切口，指成年妇女）的材料，南洋群岛放猪娃公用妻；男孩子则卖做相公、童伶、富贵家童仆、富僧寺徒弟、南洋群岛放猪娃、江湖卖艺者的养儿。其拐骗手段有五：一是奸拐，派漂亮小伙，勾搭入世不深的姑娘，以相爱的形式引入圈套；二是诱拐，以外地招工或大户人家雇用使女名义，诱年轻妇女；三是药迷，趁男童女孩不备之时，用嗅药迷倒，衣被蒙上，背起急跑，假托病危投医；四是强掠，绑架形式，强暴就范；五是乘隙，如贫家妇女有叹遇人不善者，或家庭婆媳、夫妻不和者，拐匪趁机而入，带走异地。

《黑幕大观》对清末到民国期间拐骗贩卖人口成势的原因进行了分析，认为一是政治腐败，横征暴敛，民不聊生，二是河决大患屡有发生，蝗旱之灾连年不断，三是盗贼时起，匪徒纵横，四是岁岁用兵，远弃家室谋生在外者，幼子弱妻流落荒村，衣食无靠。当时山西的拐匪还分了派别：在南路一带拐诱者，叫“南货商”，多为太原、平阳、潞安各地的无赖，以及汉口、天津、上海等地的外来者；在北路一带拐诱者，叫“北洋货”，多属于归化、大同一带人。两帮人数及财力，南强而北弱。

那时还有“贩猪仔”与“贩黄鱼”之说。有些拐匪、人贩子与外国资本家相勾结，在国内招收华工输送到国外，以从中牟利，叫“贩猪仔”。广东“白蚂蚁”从1930年到1936年贩运华工到南美洲垦荒者达5万余名。“贩黄鱼”是杜月笙的门徒陈鹤鸣与葡、法两国流氓势力相勾结，诱骗中国缠足妇女，经过训练到国外“扭跳小脚舞”挣钱，从中渔利的勾当。他们每女收取500元法币旅费，而不买船票，勾结船员，把她们藏在货舱里、煤堆中，窒息而死者，即抛入大海。

2. 巫术骗子

利用封建迷信的巫术来诈骗钱财，为“火门”，这些人，俗称“跳大神的”，大都是一贯道、大佛教、九宫道、老君门等道会门成员，其惯用的伎俩，如圆光、下阴、捉妖、扶乩、鬼神附体等，前文已涉及，不再赘述。

3. 腥赌骗子

有些地方上的无业流民赌棍，开设赌局，诱人入赌，从中抽头敛财，旧称之“池门”、“雀门”，其中使假作弊，谓“腥赌”，即使“尖赌”（有真实赌法的赌客），最终也会被其榨光骗尽，故俗语说，只有被赌博害了家的，没有以赌运发了家的。

池门中的最能手叫“牌郎中”、“牌师傅”，在南方称“老千”，北方称“老月”，他们以上层人物出现在高级赌台上，铺张场面，伺机“钓鱼”。他们多在牌九、麻将、扑克等赌具上，做微小的暗计，以便在搓牌发牌上耍弄手段。据说他们均有师承，初练眼光，以目光数点屋上瓦片，达到快而准，尔后从牌九、麻将牌面的竹纹中辨认内容，再练使用手法捣弄赌具。上码头时，则必须先行“拜相”，即拜会当地池门同行，然后由当地老千为之搭档、敲托、当“媒子”、做饵子，才能下手。若单枪匹马，很难得手。

民间赌局，赌法很多，除常见的牌九、麻将四门滩、单双、铜宝赌法外，还有在闹市街头使用“飞牌”、“套绳扦”、“翻红黑”、“摆残局棋谱”等小玩意。在解放前的上海，还盛行过一种“花会”赌博：以36种花卉或姓名绘成单片作为赌具，取其中一片密封悬于高处，赌者下注，得中者即可获30倍赌注。这本是清朝中期广东花会上的玩意，民初又传至上海，流氓“阔嘴巴”咸生进行了改造，以36人名分别编列为序号，再题附身动物属性为代号和以人间的职务，名词离奇古怪，文字却通俗易于记忆识别：

(1) 鸡日山　　鸡　　和尚

(2) 林太平　　龙　　皇帝

| | | |
|---|---|---|
| (3) 陈攀桂 | 田螺 | 状元 |
| (4) 刘井利 | 甲鱼 | 樵夫 |
| (5) 周青云 | 黑鱼 | 车夫 |
| (6) 双合同 | 燕子 | 妓女 |
| (7) 陈吉品 | 白羊 | 乞丐 |
| (8) 张万金 | 白蛇 | 乞丐头 |
| (9) 龙江祠 | 蜈蚣 | 将军 |
| (10) 王志高 | 黄狗 | 宰相 |
| (11) 张合海 | 青蛇 | 将军 |
| (12) 陈安士 | 狐 | 尼姑 |
| (13) 陈天良 | 龙 | 老和尚 |
| (14) 吴占魁 | 白鱼 | 状元 |
| (15) 朱光明 | 白马 | 宰相 |
| (16) 罗只得 | 黑狗 | 小孩 |
| (17) 宋正顺 | 猪 | 宰相 |
| (18) 程必得 | 鼠 | 将军 |
| (19) 王坤山 | 虎 | 宰相 |
| (20) 张火官 | 雄鸡 | 将军 |
| (21) 陈荣生 | 鸭 | 状元 |

(22) 陈逢春　白鹅　状元
(23) 马上招　白猫　美女
(24) 田福双　花狗　将军
(25) 张三槐　小猴　宰相
(26) 方茂林　　　　小和尚
(27) 张九官　老猴　将军
(28) 李明珠　蜘蛛　美女
(29) 张元吉　黑羊　乞丐
(30) 李汉云　水牛　将军
(31) 徐元贵　虾　　小乞丐
(32) 翁有利　白象　读书人
(33) 苏青元　黑鱼　乞丐
(34) 李月宝　龟　　将军
(35) 赵天申　花狗　船夫
(36) 林银玉　蟹（兔）美女

仍为赌中一门，获利30倍，并开设“花会总筒”，派爪牙深入贫民群居之地，先从无知妇女入手，让其赢些钱，扩大宣传，以致赌者日众，蔓延到整个上海。“听筒”为地区代理处，“航船”为里弄代理门市部，“总筒”执事，每日统计各门赌注多少而定出中注门号，然后快报各听筒航船，公开挂牌示众，中注者即可凭赌押的收据兑换彩金。中注开筒的一门，往往是赌金最少的，属于厚利掠夺。

赌场骗子还有一项功夫，就是“把簧”，看人行事。若对方是个少爷，喜近女色，就把他弄到妓院里，或勾结妓女出台，诈骗其钱财。“三言二拍”等话本小说中，多次描述利用女色诱人入赌的情景，使其沉溺于温柔乡里、桃花源中，醒来再寻，已天台无路。

4. 色相骗子

以年轻女子的色相作牵线，设局诈骗的帮伙，江湖上归为“妖门”，主要以诈骗作为手段，有时与“黑道”中的“妖黑”和“风火黑”的行为又有些相似，诱以色相，骗中窃，窃中骗，因切口称女性为“妖”，故称之“妖门”、“耀门”。

① 妖黑。妖黑大都是年轻女性，端庄大方。她们骗窃方法多样：一是利用一个四五岁小孩，假作迷路啼哭，遇恻隐之心者，便带回家，等孩子的亲人来领。妖黑们便自称孩子的母亲，上门打听孩子下落，领到孩子，千恩万谢，隔日备谢礼上门答谢，暗中留意可窃之物与门径，入夜便有窃贼光临；一是利用清秀女子，扮作受公婆或丈夫虐待而离家出走

的样子，赢得大户人家好感，留宿几天，或留作佣人，熟悉门径后，与窃贼里应外合，得手后一起逃逸。

②风火黑。这一行当以豪夺为特点，手法多样：一是“软进硬出”，年轻妇女以帮佣和乳娘为名，混入大户人家，骗取好感，摸清主人贮藏场所，再引同伙潜入下手，甚至将主人捆绑软禁；二是“放白鸽”，混入大户的年轻女性，勾引男主人堕入“美人计”套中，然后席卷而逃，而主人羞于泄露隐私不去报案；三是“扎火囤”，当女人正与主人或顾客发生奸情的时候，就有二三强悍之徒破门而入，以窥破私情而勒索，主人或顾客只好“私了”。

③“翻戏党”。用华丽的年轻女子装扮成官宦富商门中千金，或娇妾之流，二三男女仆人相随，来到名店银楼，挑选首饰绸缎，作采办嫁妆样子，要店家派伙计送货至××公馆取回货款。“翻戏党”备有马车或包车、汽车，其租赁公馆，也很有气派，宛若显贵大户，货至由账房模样的老头结算付款，如此交易二三次，赢得信誉，然后再次挑选大批贵重物品，当伙计送货时，命仆役以酒饭相待，施以迷魂药。待伙计清醒时，已人去屋空。还有一种翻戏法，年轻女人在街上寻一讨饭老人，诡称为其失散多年的亲人，领其回家，精心

调养，扮若富家老人，然后“妖人”便偕老人去店楼挑选大批贵重物品，声称先拿回公馆鉴定，并留一假银票作定金，以老头为执。久等不来，等赶到公馆，早已溜走。随着人寿保险业的兴起，妖门便利用美女，出入交际场合，勾引年轻健壮男子，开房同居，外称新婚，后由女方陪男子去人寿保险公司投保，投保额巨大，收取的保险费率也高。待拿到合同，女便请来同伙，扮成许多亲戚小姐妹往来，多妖媚轻佻，男方挑逗传情，共与戏谑，苟且成奸，至日夜淫乱，虚弱成病，女子延医诊治，服药后却性欲更加高亢，仍淫乱不止，以致丧生，女便以家属身份，到保险公司办理索赔手续。

④“拆白党”。指以结婚为诱饵，利用年轻美貌的女性，在高档交际场所，觑准富家纨绔，施展媚态，引诱厮混为情侣，当其心旌荡漾时，索要首饰衣服，赁屋同居，遂称家中因变故需资金，诱骗子弟钱财，洗劫一空而去者。也可利用年轻俊美男子，去拆白显贵大贾家中姬妾以及名妓、名角、舞女们。

旧社会鱼龙混杂，浪迹江湖的骗子以各种名目出现，装富、装官、装亲、装做生意，行骗于城镇各行各业。除了以上这四大门之外，还有许许多多，如倒叶子（以假钞票骗人），碰瓷的，假化缘的，真是防不胜防，难以辨识。但是，据骗子们自己说，不受骗的唯一法门，就是“是便宜不贪”。

## （五）江湖乞丐

乞丐，古代称为乞人、丐、丐人、乞索儿，俗谓“叫花子”、“要饭的”、“叫街的”，指的是以行乞钱物为生的人。这些人，有贫者，也有富者；有为生的，也有为乐的；有长期的，也有临时的、避难的甚至假此从事罪恶活动的。

1. 乞丐成分

① 难民。中国是个农业大国，靠天吃饭，一遇到旱水风蝗雹等天灾，农民便离乡背井，沦为乞丐；统治阶级的虐政、连年战乱，也使得大批农民流离失所，特别是西北各省、黄河上游、长江北岸，破产的农民尤其多。

② 富贵子。乞丐中有一些是生长在富贵家庭的纨绔子弟，因从小娇生惯养，过着衣来伸手、饭来张口的腐糜生活，完全丧失了劳动力，一旦势落财尽，吃尽当光，只得流浪行乞。还有一些因特殊情况而流落乞丐群的富贵子，如流亡乞讨十九年的晋文公重耳，为逃楚平王冤杀而膝行匍匐、稽首肉袒、鼓腹吹箫乞于吴市而终被吴王起用的伍子胥。

③ 惰民。一些懒惰成性、意志软弱的二流子，不肯吃苦耐劳，甘愿入帮为丐。其中也有些假行乞之名而从事种种罪恶行径者。

④ 顽徒。还有一些吸毒嫖妓、赌博好酒之徒，一旦丧失劳动力，只好沦为乞丐。

⑤ 孤寡老人。一些老而无所养者，只好以乞讨聊度残生。

2. 乞丐的类型

乞丐按不同分类标准可以划分出许多类型。

① 真性丐、职业丐、业余丐。“真性丐”又叫“落魄丐”，大多为走投无路的灾民、难民和贫民，丧失了生活依靠，被迫流浪行乞，生性又淳厚朴实，不懂得乞讨窍门，嘴里哀叫“老爷太太行行好吧，给我花子些剩的吃罢”，常被人殴打欺辱，是真正的乞丐，其生命最没有保障。“业余丐”也称“飞蝗”或“传家丐”，生活在一些极其荒僻贫困的农村，像黄河沿岸若干旱地和江北农村，当田里收获不能果腹时，便携儿带女成群结队到外乡去“逃荒”讨饭。“职业丐”又称“假性丐”，是数千年来社会上的寄生阶级，他们有着悠久的丐帮传统和乞讨艺术，是乞丐群体中最得意的一帮，他们有严密的组织、规矩、师承，把行乞当作自己的终生职业。我们所说

的江湖乞丐，主要指的是“职业丐”，即“丐帮”。

② 东行、西行。这是丐帮的两大派别。东行，以软乞骗讨的手段乞讨，以卖唱献艺为主，其形式主要有“唱响子”、“文武腔”、“奏仙乐”、“拜神主”、“放流水”、“游五湖”、“摆书摊”等十几种。

“唱响子”就是独唱，也称“唱春”帮。“唱春”，指这种乞丐只在春天乞唱行讨，流行于长江以南苏、常一带。每到春天，他们便肩背伞袋，手拿小锣打板，沿街挨户唱起曲来。他们见什么唱什么，歌词随唱随编，以不失原调为准。如遇上药店或杂货铺，需样样唱得全，这叫“出底”，若“出底”不全，师父就不许其“放单档”。“唱春”以冯国老为祖师爷，说冯国老作为大臣，春伴隋炀帝下江南，见拖龙舟的民夫痛苦生活，非常同情，效仿管仲代孤竹的俞儿曲，谱成歌曲，曰“春曲”。“唱春”有澄、苏二调，“澄”为老调，“苏”是民国后创立的。“澄江”为江阴的别称，为江阴一带所唱。“唱响子”还有独特的接钱方式，不能直接用手去取放在柜桌上的赏钱，而要用打板把钱拨落在小锣背面，才可倒于手中。

“文武腔”就是敲渔鼓，唱“道情”，原是道士舒性闲情的歌曲，因有文、武两调，故曰“文武腔”。唱文调的，左手握两片竹板，名叫简板，左臂斜抱一个约三尺多长的竹筒，右手握在竹筒下面频频敲动，发出“冬冬”声响，这竹筒叫“渔鼓”。“武调”都由二人合作，一人敲渔鼓竹板，一人拉胡琴伴奏，唱的是叠腔，板激声烈，很有刺激性。文武腔以丹徒一带唱得最好。传说郑板桥见乡人困苦，乃作十首“道情”，让乡人唱之讨饭，聊以糊口，其名段为：“尽风流，小乞儿，数莲儿，唱竹枝。千门打鼓沿街市，桥边日出独酣睡，山外斜阳早已归，残羹冷饭饶滋味，醉倒在回廊古庙，一凭他雨打风吹。”

“奏仙乐”，即吹“横腔”（笛子）或“直叫子”（箫）行乞。干此行的大多为吹鼓手出身，或专为乞讨而学“奏仙乐”的。沦为乞丐的吹鼓手称为“洋生”，是半路出家的外行，不能享受道中的一切权力。“奏仙乐”除施主点曲之外，一般先奏“过吴市”，调子和“梅花三弄”相似。因“奏仙乐”起源于伍子胥从郑逃亡吴国路过昭关时吹箫行乞于吴市，因此，“奏仙乐”在码头上行道，不称“踏街”，而叫“闯昭关”。

“拜神主”也叫“闯灵牌”，干此行的先要求助于所到地盘的丐头，在丐头门外转身向门口叩拜，轻呼“老板”，丐头就知是拜神主来了，出门说声“进来吧”，他才能起身半跪鞠躬进门一蹲。丐头便走至身后，手摸其头说声“多礼了，辛苦辛苦”，请其吃饭，告知他这地盘上谁最“漂亮”（肯出钱），然后才到施主门前哀诉、痛哭、求助。有时还趁人疏忽，顺手牵羊。

“放流水”是指农村妇女得到父母或丈夫允许，出外乞讨，兼寻短工。如有缺管家人家，就议定价钱，谈妥条件，上门做事，几乎同家庭主妇，但规定不出卖肉体；空余时间仍去乞讨。如果主人不同意再外出乞讨，就得再给她额外补贴。天长日久，往往会与主人发生暧昧关系，俨然夫妇而不想再离去，因此，“放流水”的妇人一般要有人从中作保，如果女人甘愿与主人同居，不再回家，保人就得赔偿女家的经济损失。“观音党”也是由“放流水”脱胎而来的，有的是一个妇女单独行动，叫“滑面观音”，有的则带子女一起乞讨，叫“送子观音”。

“游五湖”也叫“戏青龙”，是一种献艺乞讨形式，划着小船在水上乞讨，船两头短小，中间凸出，像一只浮在水上的鸭蛋，随浪翻腾，老头在船后梢坐划，一个十多岁男孩或女孩穿一身紧身短衫裤，赤脚，头发挽成鹅角，插戴两枝红花，一边呼哨，一边划入船群中，开场白后，那小孩便在不足二尺的船头上手舞足蹈，船也随之上下波动，左右摇晃，异常危险，如有人将钱丢入水中，小孩就会立即潜入水中拾钱。江南一带每年中秋香会，常淹死许多水中拾钱的小孩。

“摆书摊”是一种骗乞形式，预先写好一张“冤单”，每到一处，就把它摊张开来，但按丐帮规矩，冤单只能张挂在手上，而不能摊在地上，更不能开口“诉冤”。有的打扮成“漂洋生”（读书人），有的打扮成旅客，有的打扮成受害者，有的打扮成身患绝症者，想引起众人同情，以达到骗取钱财的目的。“摆书摊”最怕遇见“老鬼”（知情人），甚至被“老鬼”要挟，和他“劈巴”骗来的钱财。

此外，还有“献天灵”（用鼻尖顶长凳、刀或其他器具献艺乞讨）、“挖地龙（给公馆人家放蛇捉蛇索取报酬）、“扯留”（到店铺住家前玩蛇乞食）、“挑青头”（春收秋收到农田里捡拾稻穗）、“迷羊阵”（几人结帮，明乞暗偷），等等。

西行，指“硬采”丐帮，“硬采”即强行乞要。西行是我国丐帮中的正统派系，遍布全国，组织严密，在每个地方都设有“叫化厂”，每厂以一个资望很高的老乞丐为“甲头”（即“丐头”）。乞丐们晚上都回“叫化厂”内住宿，将每天乞讨的钱，分成给甲头，分成标准按资历辈分而定。江南分

"天、地、人"三级，天字号乞丐交纳十分之五，地字号为十分之六，人字号为十分之八；黄河流域则按"金木水火"等分为十五级。还有一种则只规定每天交纳几元或几角。不但本地硬采乞丐由甲头支配，外地来的乞丐在讨乞之前也须拜他的"码头"。甲头主管乞丐内的一切是非纠纷，负责乞丐的生存，如吃和住，特别是雨雪天没法出门乞讨或生病老弱时。一个甲头几年下来，往往财过中产，有大厦车马、丰衣美食、成群妻妾。

西行丐帮乞讨，需有各种技能，一是学会称谓施主，赢得好感；二是学会哭泣，特别是"叫街"和"坐丐"，男女老幼各有哭法，有韵有味，并且使用药物使嗓子变成沙哑，但一旦得钱便停哭道谢；三是学会运用各种器具，如弦、胡、板、鼓、剑等，还要练会各种技巧，如"顶鼻"、"穿舌"、"舞刀"等；四是学会一些吉利祝福的歌谣雅曲，如"乌龟上门来，老板大发财；太太给我两个钱，太太长寿万万年；老爷大发慈心，今年获利千金；太太施恩，抱子抱孙"，讥骂歌如"不给我钱，怎么过年？不给财，我不来，剩下了钱买棺材；你不给，我不乞，看你子死急不急"，并且还会随机而唱，如到了棺材铺，就唱"打竹板，迈大步，眼前来到棺材铺；掌柜做的棺材真叫好，盛上死人跑不了，盛上活人受不了”。

西行丐帮的乞讨方式主要是威胁，“先礼后兵”。开始在店家门前搬弄花样或呆立不语，不给钱就从彩袋里拿一管竹筒呜呜而吹，以示警告，再不给就“挂彩”拿出尖利小刀，在额头上划出血来。此外，还有其他形式，如“响叫”（用三木和皮筒唱莲花落和道情）、“剑弹”（也叫“家里手触”，用二尺长刀或核桃大小的弹子朝喉咙里塞进去）、“软武”（用所带十八般武器头顶竖立）、“硬武”（随手使用器具，如大门门、大肉斧，用鼻尖顶起）、“洋刀”（用刀在裸露的肚皮上硬砍出条条刀痕）、“短棍”（舞短棍）、“狗乞”（带训练好的狗，跑跳叫，博得开心）。

还有一些西行丐帮，则用骗乞的手法，引起同情，如“水碗”（用一碗猪血调成血水，藏在身上，在衣服仁钻个小洞，血水慢慢渗透出来）、“叫口”（装哑巴，磕头，叽里咕噜，指口拍胸）、“花蠋”（假装瞎眼和烂腿的总称，其中装瞎子叫“冷眼”，眼皮外翻，黑珠里藏，口唱“抬头不见天堂路，举足不见路高低”；烂腿叫“乞红”，用猪血、豆皮、烛油涂抹）、“触黑”（也叫“放青”，领一小孩，谎称困顿无门）、“跨血”（女丐用猪血染红一捆稻草和衣服，怀抱一租来的带血婴儿，装作痛苦呻吟)、“头烛”(假扮和尚，挨门募化香钱)、“金砖”(拿两块竹板，以手代足行走)。

江南乡村的西行丐帮称为盘花杆子，以乞米为主，肩背口袋。凡开山收过徒弟的，袋背在右肩，未开过山收徒，则袋背在左肩，其中帮祖刘俊卿，背九个口袋，标志着曾跑过九个省区。他们的帮规更加严格，如“抢道子”：一个乞丐要到前面村子讨饭，一定得在路上做好标记，其他乞丐一见就不去那个村子了；“送道子”：讨完离开村子，也要在路上作标记，写上“太”字表示将向东而去，“老”字向西，“君”字向北，“上”字向南。有时两个乞丐同在一个村庄相遇，则要“较杆子”，拿出各自杆子，短者让出，不许争抢吵闹。

③ 原始型、卖艺型、劳务型、残疾型。这是按行乞方式给丐帮划分的类型。原始型乞丐蓬头垢面，破衣褴褛，食不果腹，宿无定所，他们不会卖艺、做劳务，更不耍流氓无赖，只以手捧钵，哀告苦讨，无奈之时，甚至吃瓦片子、石子，求一时苟活于世。卖艺型乞丐则靠自己的专长或技艺，以招徕或博人欢心，换取人们的施舍，如卖唱、演奏、行医卖药、占卜相面、弄蛇耍猴、杂耍、口技、气功，在丐帮中为素质较高的一部分。劳务型乞丐，是依靠出卖劳动力，从事一些

临时的、低贱的、简单的活计，来换取施舍。如拉车上桥、运送行李、送香火、叫火烛、送财神、抬杠打执事、清理垃圾。残疾型乞丐，有的是生有残疾的，有的是人为制造残疾的，有的是假扮残疾的。如盲人、麻风病人、聋哑人、肢体残疾者。

④ 上海丐帮、凤阳丐帮、广州丐帮、四川丐帮。这是以区域为标准，给丐帮所划的类型，即使同一流派的丐帮，由于区域不同，其乞讨方式、规矩行号也不相同。

上海乞丐由陆、周、钟、王、二沈、二周 8 个丐头分别带 6 个大头目、36 个小头目统治上海的东、西、南、北四区，其收入，主要来自每年二、八两个月的初一和十五到各店铺所收取的费用，其他则为富贵人家婚丧喜庆所得的赏钱。上海人称他们为“瘪三”，也就是“毕三”，指嫖、赌、烟三者都毕业了。据其中乞丐讲，讨到了钱，可以开“摇荡”（旅馆）、白相“寡老”（女人）、吹“横箫”（鸦片烟）、“打高身炮”（吸白面）、“打弹子”（吸红丸）。他们发明了许多乞讨方法，如“坐坑棚”（占公共厕所，讨价后让位置）、“响叮吵杂”（伪装盲汉，手拿饭碗，故意撞人、摔碗，要求赔偿）、“接富贵”（在住家商店门口，敞衣捉虱子，丢进人家门内）、“抢冷饭”（等饭店伙计挑回店家的包饭时拦截抢光）、“赶猪”（追赶街上行人，特别是恋爱男女）、“张飞上拉诸葛亮”（硬帮推三轮车）、“摆炮”（滥竽充数，当婚丧之事的乐队手）、“龙将军”（到小戏班跑龙套）、“送贺礼”（每逢有婚嫁喜事，送喜幛红烛，到办事人家的账房讨赏钱）、“送祭礼”（家人去世做佛事，乞丐便手提香烛拜访账房，讨赏钱）、“撩地帮”（六七人组成一组，男女老幼皆有，扮为逃荒难民，骗人同情施舍）、“撩风筝”（在车船上套近乎，谎称困顿，求得相怜）、“摆虎势”（即“包打相”，怂恿纠纷，代人打架械斗）、“淘金扫珠”（拾荒度日）、“走僵尸”（受雇于商店，身穿涂满广告的奇装异服，作活动广告）。

凤阳丐帮，是旧中国别有特色的一个丐帮，以唱凤阳花鼓而闻名：“说凤阳，道凤阳，凤阳本是好地方。自从出了朱皇帝，十年倒有九年荒。大户人家卖田地，小户人家卖儿郎。我家没有儿郎卖，身背花鼓走四方。”据说，朱元璋发祥凤阳，乱后，人少地荒，徙江南富民十四万实之，私归者有重罪，欲回乡省墓，只得扮作乞人，潜归祭扫，冬去春回，遂以行乞江湖为业，实则是淮河常泛滥成灾，只得流浪乞食，而以姑嫂、夫妻二人为乞讨单位，女系腰鼓、持小锣、戴没顶破草帽，帽檐插花，脑后头发扎成一乱鸡毛似的小扫帚，脸涂白粉，唇涂红脂，边唱边耍鼓边舞蹈。所唱内容，多是短篇爱情故事，唱词每段 27 个字。

广州乞丐大多为城市失业手工业者和农村破产农民：“有力做到无力，无力做到乞食，乞食做到瓜直（死亡）。”他们还要受到乞丐集团大小头目的盘剥：“脱鞋揾来穿屐食，穿屐揾来穿鞋食，穿鞋揾来穿靴食。”其集团名叫“关帝厅人马”，头领为少林寺头陀出身的陈起风，他拥有豪华宅院，几室妻妾，大群婢奴，死党打手，寻花问柳，吃喝玩乐，无恶不作，称霸广州。

四川也是乞丐大省，旧有“军阀多、地主多、耗子多、乞丐多”四多之称，成都、泸州、重庆为其集中之地，每一地都由丐头统治，这些丐头，有世袭的，子承父业或女承父业；有“大少爷”浪子丐头，如成都三大少爷“天籁”冯、“曾烂龙”曾、“喂不饱”魏；有公推的，他们在丐群中至高无上。四川丐群也有一些独特的乞讨方法和说法，如“撵狗”（也叫“赶鸭子”，尾随路人讨钱）、“肉莲花闹”（以手代板，拍打赤裸上身以伴奏）、“哈巴狗衔木碗”、“磕响头”、“口中吞刀”、“装孝子”、“说唱善书”、“装财神”（春节说吉祥话讨乞)、“烧鸭子”(节日送一真鸭头而身脚皆为逼真的纸壳涂油彩做成)、“涎讨”(利用与被讨者的老关系敲诈钱财)、“洋讨”(用英语乞讨)、“讹讨”(掏出“单据”硬说人家欠“隔世债”讹诈)、“拉飞蛾儿”(推车上桥过桥)、“水打棒”(下河捞尸)。

### (六) 江湖强盗

江湖强盗，也叫“土匪”、“胡子”、“响马”、“棒子手”，是以抢劫为生、残害百姓的个人或集团。他们沦为土匪，原因很多。一是逼上梁山。“人逼急了为匪，狗逼急了咬人”，他们在走投无路的情况下铤而走险，以武力犯禁，落草为寇。有的因饱受官府欺凌压榨，求生无门，被迫揭竿而起；有的行为不轨，犯下罪过不得不为寇；有的其他方面不如意，不顺心，而上山。二是图做官，俗语说“不当胡子不当官，不下窑子不为太太”。每当天下大乱时，“遍地英雄起四方，有枪就是草头王”，不少大财主、旧军阀和世家子抢占山头，纠集人马，独霸一方，企图事后论官定职，或受“招安”。三是图财。土匪成员，大多穷得发疯，抢杀剽掠，一夜之间就得到了梦寐以求的钱财，或享受暖衣饱食，甚至“当胡子，不发愁，进了租界住高楼；吃大菜，住妓馆，花钱好似江水流。

枪就别在腰后头，真比神仙还自由”，“想什么就有什么，想要谁就要谁”（阿 Q 语）。四是散兵游勇。大批战时、战后溃逃的兵勇流落到社会上，无所事事，干脆拉山头。

1. 土匪的类型

旧中国，土匪多如牛毛，遍地丛生，据曹保明著《土匪》（春风文艺出版社，1988 年版）里讲，仅吉林、长春地区的四五个县和黑龙江的部分地区，有名有姓有报号的绺子就达 300 多股。我们可以把土匪大致分为社会性的土匪和政治性的土匪两种。前者没有政治目的，靠掠夺整个社会财富来维持生计，有的具有临时性，有的则具有职业性；而后者则是有特定的打击目标和政治目的，如古代历次农民起义和农民暴动，尽管被官府污为“盗贼”、“流寇”，但其政治目的是非常明确的。根据土匪的行径，有时为义，有时为恶。前者虽打家劫舍为生，但往往是劫富济贫，锄强扶弱，主持正义，舍己利人，视金钱为粪土，如绿林好汉、梁山英雄、江湖侠客；后者则纯属流氓恶棍甚至恶霸，他们没有原则，唯利是图，烧杀抢掠，无所不为，对平民百姓生命财产构成了极大威胁。清中叶至民国时期，中国大地上著名的帮匪组织有“关东红胡子”、“山东响马”、“中原杆子”、“关中刀客”、“四川棒客”、

“太湖水盗”等。

2. 土匪的活动形式

土匪的活动形式主要有七种：

① 吃票。这是东北所独有的一种专门管理一些专干一种“案件”的“单开”的职业。二三十年代，关外开发出许多行业，如开荒放山、打猎捕鱼、淘金采药、运输木材（放排）以及各种店铺，土匪绺子就打入这些行业，强行参与管理，从中分成。也就是说，经营这些行业的人都得找土匪做靠山，都得给他们好处费。

② 绑票。就是绑架有钱人家的重要人物，如当家的、掌柜的、独生子、老儿子、老闺女，以人质作为要挟，索取钱财。绑票的方式很多，一般是守在必经之地，一旦“财神爷”过来，便甩出“猪套”套住脖子，蒙上眼，堵住嘴，背起就走。绑到票后，先关进“秧子房”，然后由土匪头子在五至十天内向被绑者家里送去“海叶子”（信件），通知对方在何时何地带多少钱以什么方式赎人，并写明如不按要求做，或报官府，则“撕票”或“伤票”。因此，稍一疏忽犹豫，票就会被割耳挖眼，伤残四肢，甚至杀害。

③ 猫冬。一到秋天，土匪就放假。大当家的把群匪集合

起来，分了钱（“红柜”），藏了长枪，换上短枪，约好来年的四月十八老地方“码人”。然后有家的回家，都说做买卖回来过年了；没家的，三五成群地上山，到木场子里过冬，或孤身到朋友、亲戚家里去；也有的去找相好的女人或找“海台子”（暗娼）；还有的去“拉帮套”（即一女二夫，一个公开的，一个没有合法手续；合法丈夫往往失去了养家能力，两个同睡一炕）；或者组织赌局，放赌抽红。

④ 报复。即惩罚帮内的叛徒或者伤害兄弟的仇人。每年“猫冬”过后，土匪们重聚起来的第一个月往往用来报复。先清点人数，发现某人没来，就派“插千子”前去了解情况，如被人杀，就要追寻凶手，砍其头颅祭祀弟兄；如告密或叛变，就要设法找到保人和本人，杀之以儆效尤。有时对每个归队的人进行清理，一旦有蛛丝马迹，便当场“落凳”（捆起来），气氛十分紧张。

⑤ 砸窑。就是攻打有钱人家的大院。攻进去，叫“砸响了”，没攻进去，叫“没砸响”。砸窑前先派人去“踩盘子”，物色对象，察看地形，然后由军师先定吉日，后半夜动手，以号炮一响为令，猛冲猛打。若临阵逃脱，当场便“插”（枪毙）。砸进窑后，便胡作非为，抢钱财，杀人，奸淫妇女，甚

至将坚决抗拒的人家满门杀绝，手段极为残忍。

⑥ 靠窑。指受对方的招安、改编，或对方向自己投诚。一股绺子从“起局”那天起，就得时刻想着向别人靠窑或者使别人向自己靠窑，大绺子逼小绺子靠窑以扩大地盘，几股小绺子也可联合起来收拾大绺子。

# 三、江湖组织

江湖社会中的各个组织，都有其一定的组织结构形式。每个组织的内部，都实行家长制统治，成员分层管理，等级森严。但它们的具体名目却非常多，各有特色，形成了一个个的潜网，一个个独立的地下王国。

## （一）江湖组织的内部结构

### 1. 秘密教会的内部结构

秘密教会内部，都实行教主的家长制，从大教主到教主、主香司纂、教徒，逐级相承，界限分明，教徒不得与闻司纂之事，司纂不得闻主教之事，主教不得闻大主教之事。但是，各教门的首领和等级名称不同，等级的数量不等，分工各异，首领的承袭也不一致。

① 白莲教。白莲教主要以极端的叛逆精神和有力的现实说教吸引、网络倍受生活磨难的下层群众，它的组织结构比较简单，教主是这个组织的最高首领，采用封建等级制，教主都是世袭或嫡传心腹弟子继承，其他职位分出长幼尊卑，徒弟服从师父，师父听命于传头、会主，会主又由教主辖管。其各个支派也基本相同。

“八卦教”以八卦分为西北、西南、正东、东南、正北、正南、东北、正西八个方位，八方围绕中央为八宫，以此安排其组织分支和活动地区。创教人刘佐臣居于中央宫之位，统领教内各卦，各卦奉教主为尊，其卦长真人由刘佐臣弟子担任。创教之初，人手不够，一人可掌数卦，后组织结构逐渐完善。每卦都有真人负责，以姬、郭、张、王、陈、郜、刘(柳)、邱八姓卦长掌领，教主及卦长世袭，其子刘汉儒、孙刘格、曾孙刘省过相继传位，形成了刘氏家族组织结构十分严密的封建宗教团体。随着八卦教的强大，其组织结构更为严密，乾隆中叶时，上奉教主、卦长，卦长之下设六爻，掌爻封号为指路真人，下有开路真人、挡来真人、总流水、点火、全住、传仕、麦仕、秋仕等教职，教职大小升迁以功行大小封赏。其时八卦教的支派开始产生，并且各卦均已立教传布：离卦，卦长由河南商丘郜氏兄弟担任，活动于河南；震卦，王中本为教主，活动以山东菏泽为中心，遍布山东、河南、直隶、苏北；坎卦，张柏为教主，传教中心为直隶容城县；艮卦，张静成、张静安相继为卦长，传教中心在山东金乡；巽卦，张炎兄弟为卦长，活动于单县；乾卦，卦长张姓，活动于虞城；兑卦，卦长为陈善山，活动于东平；坤卦，卦长为李坤先，活动于冠县。

“红枪会”继承了八卦教流裔大刀会、义和拳的组织传承，又融汇了金钟罩、仁义会等民间秘密社会组织，组成了民众自卫武装组织。它以村落为单位，每一单位为一学，每学设一学长，村中居户，需派一人参加，每学人数，取决于村落人家的多少；学之上为团，数学或数十学结为一团，互举一团长。团与团之间，互不统属，极少联络，但遇大股敌匪骚扰入侵，就会数十百村甚至数县联合起来。红枪会组织一般一村设一香堂或会堂，也有数村联合设立的，有老师一人，指导武术训练、念咒、画符、拜神，堂部设在村落庙宇或祠堂内。内部又分为两个机构：一是文团部，专管文件、财政及地方诉讼等事；二是武团部，专管训练及演习刀枪、符箓等事。主持文事的首领，称会长、学长或总会长、团长，多为地主、富农、士绅担任，大多是保长兼任，掌握大权；宗教武术领袖则是被邀请到村当老师的，聘金由村民“入会费”支出，教会学员各种法术后，即行辞去。

“无为教”则以一个乡镇的教徒组立一个佛堂，推选资历较深的教徒为堂长。各个乡镇的佛堂，具有独立性，故教堂名目不一，如明性堂、仁心堂、三一堂、明心堂、仁慧堂，其堂下设执事、班首。教徒按佛家的前廿四后廿四的字派序列成辈分为教名。其中凡三年内能介绍千人入会的，便有“和佛”资格；不满百人的，则当开“铺佛”，自己为斋主，请“师太”（即堂主）率二“班首”讲“宝卷”，“和佛”们分班坐于佛台左右。连续三年办“铺佛”，便具有卖经资格。

“灯花教”的掌教选举，却是以在佛前拈阄的形式来决定。创始时因避官府，定例必须在女性中产生，五年一任，可连选连任。掌教教内称“老姑太”，连任两届称“高姑太”；副职为“大姑太”，辅佐掌教处理事务，大都为精明强干的中年妇女。男教徒有功绩的，当选“大老太”，是男教徒中最高名目，位居“大姑太”之下。以下复有“老太”、“十弟”、“顶项”、“保恩”、“迎恩”、“法恩”、“引恩”、“天恩”等八级。新进门者，则名为“众生”，也有“道、运、永、昌、隆”五字之分，以定次序、位置，升迁标准，全靠“贡献”大小，借以敛财。还设“掌天盘”一职，专司内宫，为“老姑太”掌管银钱出入，登录账项，一般由“老姑太”指定其子女、女婿、内侄之类担任。

② 在理教。它的组织机构为“理门公所”，下属各设某某堂，为基层形式，各自独立，互不隶属，以兄弟友好相联系。公所负责人为“领众”，俗称“当家的”，“主任”，首席陪坐为“帮众”，由领众“放”（即任命），其他执事者称为“承办”、“散众”。点过理的信徒均称为“道亲”，道亲称领众为“师父”，师父对散众呼“徒弟”，散众之间互称兄弟。“领众”大多没儿没女，在各执事中有较高品级，在道亲中有资格，有人缘。当前任领众圆寂时，就向领众申请公求公保某某道亲将来继任领众，得到领众批准，众人认可，领众死后，即可公布继任。

③ 一贯道。张光壁掌道其间，一贯道组织结构臻于完善。他自称济公活佛转世，是“平收万教”，“渡尽九二原子归根认母”的佛祖，用明万历大乘圆顿教主的法号自称“弓长祖”、“天然子”，设立中枢坛和金刚、敦仁、礼化、天一四大坛，中坛为总佛坛，四大坛各负一方，向全国发展。他又分

别在各省设总坛，下辖若干分坛，负责各地区道务。他还建立了自上而下的道阶：师尊（即道主，代表天意，总揽全国道务，由他一人担任）、师母（其妻刘率贞为大师母，其妾孙素贞为二师母，享有与师尊同等的权威，其言为“母训”）、道长或各方领袖（道长直接由师尊师母任命，由点传师中资格最老、威望最高的人升任，又称“老前人”，直接同师尊师母联系，位仅次于师尊；各方领袖是未经正式任命者，他们负责传达旨意，培训点传师，但没神权）、点传师（即传道师，负责传道，办理道坛事务，开坛点道，吸收徒人，有训练、提拔坛主的权力，原由师尊师母任命，张光璧死后，改为道长或各方领袖代师母任命，道内称其为“前人”。点传师分一般点传师、负责点传师和领导点传师三种。一般点传师掌握若干分坛道务，发展道徒，管理坛主；负责点传师领导一地道务，开办“仙佛研究班”，发展道徒，训练、提拔坛主，选拔开坛扶乩用的“天才”、“地才”、“人才”三个童子即“三才”；领导点传师则领导一区道务，直接与道长联系，开办“仙佛研究班”、“忏悔班”，训练、提拔点传师，管理本地区其他点传师）、坛主（是基层负责人，由点传师扶乩时举行一定仪式，由乩手在沙盘内批准。他们负责劝道度人，讲解道义，审查道徒，管理文件，一般由忠实的道徒升任)、办事人员(包括副坛主、文牍、乩手、引保师等职务)，最底层的是道徒（即“道亲”)。张光璧死后，二师母孙素贞篡权，指山西一少年李斯文为“未来真主”，在一个大区或一省市设一“大枢纽”，由道长或各方领袖负责管辖，一县或数县设“小枢纽”，由“负责点传师”管理，“小枢纽”下设分坛，分坛下每三个或十个道徒编成一小组，每个小组成员发展的道徒又可分别成立小组。

④ 同善社。同善社的道友，共分八个阶层，九个等级。初层到三层，称为“众生”，四层为“天恩”，五层为“证恩”，六层为“引恩”，七层为“保恩”，八层为“顶航”，其上就是道主，也呼“统道”、“无极宫统师”、“师尊”。同善社领导机构除“无极”道主最高外，也分七个级别，即太极、皇极、两仪、三才、四象、五行、十地。“五行”以上才能代表“统师”发顶。道友入道为初层众生时，须有开示师、引进师、保举师等“三师”，天恩、证恩、引恩、保恩的“四恩”保荐。道友们逐次升级，每层都须“保恩”保荐，由“十地”师应允。每个同善社的基层组织，分为“教授”科，由四恩负责，开示初层众生的道友；“文疏”科，主管撰写文件；“道金”科，

主管道友们的捐献；“交际”科，劝导介绍新道友入社；“宣化”科，主管宣传道义；“果证”科，指导道友勤习内功；“纠查”科，纠正道友们的品行。

2. 秘密会党的组织结构

秘密会党的组织非常严密，内部实行的也是家长式统治。在组织中，首领的权威是至高无上的。其组织体制，模拟中国传统的家族制度，建立纵向的父子关系和横向的兄弟同僚关系。纵向关系以青帮的严格辈字制和师徒传承制最为突出，这在以后的部分予以详述；横向关系以天地会、哥老会等洪门帮派的房族制和山堂香水制为代表。

① 天地会。天地会标榜“忠义堂前无大小”，属于兄弟平等拜盟。但是，这种兄弟关系是有等级、有层次的。在乾隆年间，会首称大哥，组织设长房、二房、三房，台湾林爽文起义时仿军队体制设置过元帅、军师、先锋等职。至嘉庆、道光年间，会首到一个地方传道时，先发展一部分骨干，然后由他们纠众组会，分设支机构，充当支机构的大哥，并公推出该地传会人的总大哥，即各分会的总头目，出现了虚拟的“五房”制：公所之首领称大总理，或称为元帅，通俗称大哥，为万云龙所拟；以下之头目称香主，普通称为二哥，

为陈近南所拟；再次之头目称白扇或先生，称三哥；再次为先锋，为天佑洪所拟；次为红棍，以执行会员之刑罚；以下总称“草鞋”，为最下级，服役使令。当然，各地天地会对头目的称谓有所差异，如广东海丰等地，称大哥为“大排”、“老母”，新会等地则称大哥为“阿妈”、“亚妈”。

② 洪门。按照《海底》规矩，洪门虚拟为前五房、后五房的家族分房制，分别以威、德、福、自、宣、松、柏、一、枝、梅为各房字号。洪门在各地的组织通称“山堂”，长江上游一带称“公口”，中下游称“山头”，两广、福建称“堂口”、“会”，成员可离开本山头转入其他山头，叫“转山”，并且比原山头步位提升一级：“多转山头多提升，多投拜兄多识人。”每个洪门组织，都是单独的，各自为政，没有领导和隶属关系，每个山堂公所，都有各自的领导班子。山堂统领是山主，或称“龙头大爷”、“大总理”；副山主，或称“副龙头大爷”。其下分设内、外八堂，以管内务外事。内八堂执事：香长（或称“军师”、“先生”、“白扇”）、盟证（或称“中堂大爷”）、坐堂（或称“左相大爷”）、陪堂（或称“右相大爷”）、管堂（或称“总阁大爷”）、执堂（或称“尚书大爷”）、礼堂（或称“东阁大爷”）、刑堂（或称“西阁大爷”）；外八堂执事：心腹

大爷（或称“军内军师”）、圣贤二爷、桓侯三爷（或称“当家三爷”、“粮饷总督”）、管事五爷（又细分为“通城”总管事及红旗管事、黑旗管事、执法管事即“红棍”、蓝旗管事、清纲管事等）、巡风六爷（即“花官”，另有“副巡风”，即“光口”）、贤牌八爷（又分为镇山、守山）、江口九爷（又分为抖口、检口、守口）、云满（通称“老幺”，即“草鞋”、“光棍”）。洪门组织中禁用“四”、“七”两个步位，因有越礼反教破坏捣乱为罪者，如少林寺的马福仪武功居第七，天佑洪时的符四、田七二人，后改女子入洪门者任之：独占四大爷（或称“后山寨主”，山主的妻子担任，也称“大嫂”）、四大爷（即“金凤”，进香堂时的引路人）、七大爷（即“银凤”，又称“承简”）。

③哥老会（袍哥）。哥老会属于洪门的中原系列，其组织体系无“前五房”、“后五房”之分，“袍哥能结万人缘”，“上至红顶子，下齐讨口子”，江湖上五花八门各色人等，俱可人汉留。1911 年保路事起，四川省会一区仅仁字旗公口即达 374 道；1949 年成都的袍哥公口连同分社、支社约计 1000 多个，近 300 万人。其组织名称初时称“公”、“堂”，民国后称“社”、“公社”，同一城市和乡镇有若干公社、分社、支社，都

独立活动，互不隶属，更无跨区领导。它分五个堂口，即“仁义礼智信”，堂口有班辈之分，依次各长一辈，以“威德福至宣松柏一枝梅”为十牌即十杆旗。参加义、礼两个字号的，多为商界人士和上层社会中人，故重庆多“义”字，成都多“仁”字，时称仁、义、礼三个字号为“三多”，说“仁字号上谷子多，义字号上银子多，礼字号上的定子（即拳头）多”，也有说“仁字旗士庶绅粮，义字旗买卖客商，礼字旗耍刀弄枪”、“仁字讲顶子，义字讲银子，礼字讲刀子，智信是痞子”。有时，同一地区的袍哥各个公口，由名望高的人发号召联合起来，叫“会口”，又叫“会合”，用以联系、协调，如“九成团体”、“合叙同”、“荥宾合”等都是。袍哥又有清、浑之分，清水袍哥多为官僚士绅掌握，称“官带皮”、“绅带袍”，穷苦下九流人只能在其中的智、信两堂操小老么跑腿；浑水袍哥则是搞打家劫舍、“关圈拉猪”等土匪行为的组织，“以盗窃为武差事，以赌博为文差事”。哥老会提倡“兄弟道”，以“五伦”、“八德”为信条，但是，尽管说“大哥不大，云满不小”，仍要求会众对大爷的绝对服从。早期，它以血缘纽带组织、投奔与人当盟弟或称义弟而不改姓者，称为“大同财”，投奔与人当子辈而从被投奔人姓者，称为“小同财”；

后来则一律以兄弟相称。如果父子同袍，儿子只能初占凤尾老幺，自称“盟侄”，呼拜兄为“盟叔盟伯”，三年才能称哥论弟，父死才能提拔当大爷。袍哥各个堂口内部也仿《海底》设内、外八堂：内八堂为哥老会公口的领导核心，主持开山堂、做方首、发会票等重大会务，除香长、盟证、总座、正印外，其余座堂、陪堂、元堂、执堂、副堂、礼堂、刑堂、新一八部，分掌人事、经济、印章、内务、外交、司仪、执法、递补空缺八堂事务，产生方式由总座提名，香长任命；外八堂是内八堂领导下的组织机构，有十个序列，叫“十牌”、“十排”、“十步”，因避“四”、“七”，实为八牌，牌把大爷为分山主，圣贤二爷管提调，桓侯大爷管钱粮、管事大爷分工细管诸多事类，巡风大爷管侦察审查，纪纲大爷管纪律，挂牌大爷管登记会内兄弟排名，营门大爷负责传达。其中四牌因企图奸污兄弟妻妹被处死，七牌在与清军作战中出卖同党，故不设。

3. 丐帮组织

丐帮组织，是在民间宗教和民间会党的影响下形成的一种社会群体组织。从小说《金玉奴棒打薄情郎》中，我们看到，在南宋时，中国已经出现了“团”的乞丐组织，首领叫

“团头”，是世袭的，团头依靠剥削乞丐们而生活，但必须维护乞丐的一些利益，因此乞丐们对团头低声下气，绝对服从。但是，富裕起来的乞丐头地位依然低下，被人看不起。到了清代，各县均已有丐帮首领，叫“丐头”，由黑社会骨干或资望最老的乞丐担任，以“杆子”（一尺长，一头红，一头黑）为权力象征，新任丐头在仪式上必须祭祀祖师和杆子。丐头的主要组织责任，一是抽头，用以乞丐们的公益事业，二是安排乞丐们乞讨路线、区域、时间诸多事宜，三是处理帮内帮外诸多纠纷，四是组织定期到店铺或婚嫁寿喜的大家去“收捐”。

① 捻子。因这类丐帮吃喝玩乐，一无所有，并自称“万年穷”，故称其为“穷家行”。入帮者须磕头拜师，师徒相传，依次为第几座。其中的一类叫死捻子，即叫花子、要小钱的，按师门分韩、齐、郭三大支派，按乞讨手段又进行细致分工，分为花搭子（唱数来宝乞讨者）、武搭子（讹诈乞讨者）和叫街三行。一个“捻子”有三五人，头目叫“篓子头”，抽众乞丐钱财的十分之一。每到初一、十五或年节，篓子头到富家念喜歌、拜年、接财神索讨财物，供众丐共享；麦收、秋收后，篓子头带领成员推着车子开进乡村向地主家要粮，叫

“开趄去”。

② 老弟兄。“老弟兄”是上海土著丐帮，它由无数个小集团组成，每个小集团设有一资深“爷叔”为首领，下辖十多个乞丐，占一个大本营。所辖乞丐多为流浪儿（“小鬼”），一经收养，供其食宿，但要绝对听从爷叔吩咐，乞扒钱财如数上交爷叔。爷叔坐镇所居地盘（“桶子”），组织所属向所占区域乞讨、“抢冷饭”，或组织参与地方械斗。童丐长大后，有的可摆脱爷叔，自当爷叔，但有的太老实，只能介于爷叔与小鬼之间，叫“连党码子”。

③ 梁山。“梁山”是包头城外“死人沟”里的丐帮旗号。它以沟里的鼓房作“忠义堂”，在其中议事、评理、摆功以及安排臣民部属杂务。集团成员有明确分工，如：给“大行”和“农圃社”做零工，辅助警察局特务，清理垃圾粪便，抬埋焚化死尸。“梁山”中土著丐帮“锁”家和流浪丐帮“里”家势力最强。“锁”家以吹鼓手、抬轿夫为基干，主要从事招揽红白喜事；“里”家以乞丐和行吟艺人为骨干。两家联合行动，互帮互惠。

4. 匪帮组织

匪帮的组织机构有三个层次：大掌柜的、里四梁、外四梁、崽子。

① 大掌柜的。也叫“大当家的”、“大哥”，是匪帮的总头目，几乎都是通过比试推举出来的有几手绝功夫能震慑人的有威望的人。

② 里四梁。正规大股匪帮，指炮头、粮台、水香、翻垛的。“炮头”分正炮头、副炮头，就是带兵打仗的神枪手，其枪法都是黑夜打香头练出来的。他们除了“管直”，有百步穿杨的绝技，还有生死不惧的胆子，又被称为“胆壮”。“粮台”是管理帮内弟兄吃喝的人。“水香”是管站岗放哨和纪律的。每到一地，先布置好“卡子”，以防偷袭。“翻垛的”是军师，大当家的参谋，须有文化，精通天文地理八卦行文，会看生辰八字。每次行动前，由他推算黄道吉日及攻打方向，常用神仙佛道的名义，鼓励大家战场上拼杀，夺取胜利。

③ 外四梁。指秧房子、花舌子、插千的和字匠。“秧房子”是专门关押绑票的地方。设掌柜一人，权力很大，必须心狠手毒，对票、票家的悲痛、痛苦无动于衷，还必须会察言观色，看票家动态，增大或减少价码。“花舌子”是匪帮的联络官。他负责给票家送“海叶子”，与票家周旋赎金。特点是暗中为匪，明为村人。“插千的”是攻打某处时，事先侦察

情况的掌柜。窑里有没枪炮，他先去探，扮作货郎、小贩什么的，混入大户院里，查明情况，选好进攻路线。“字匠”也称“先生”，专管写信，给票家写信，措辞得当，文字皆美，一般为老学究充当。

④ 崽子。匪帮里的弟兄称“崽子”，他们必须绝对服从大柜、二柜、里四梁、外四梁的命令，打仗时冲锋陷阵，撤退时最后撤出，“压”下来时站岗放哨，到年终或猫冬时，发小份子。“崽子”可以随便吃喝抽，但女人少时就不能像上属那样随便玩，有许多崽子因此而枪杀上属。据说崽子要收拾掌柜的时候，就弄一猪头，拿刀子一块块往下片肉，这叫起“屁”，想要钱了。

### （二）行辈

与洪门不同，青帮是一个家长统治的纵向组织，它按班辈分前辈后辈，每个成员都有自己的辈分，加入青帮，就叫进“家里”。它以严格的辈分制使师徒承传制成了没有血缘的父子关系，谓“拜师如父，收徒若子”、“一日为师，终身为父”，在此基础上，同辈之间义气互助，同参兄弟同甘共苦，体现“兄弟如手足”的次一层辈分关系。

早期的青帮，叫“安庆道友会”，成员多为水路运输的游民和沿岸破产农民。他们拉来“前三祖”，尊翁、钱、潘为“后三祖”，称首领为“当家”、“师父”、“老头”、“前人”，加入安庆道友会的人，要按进来时间的先后顺序，分成“清静道德、文成佛法、能仁智慧、本来自性、元明兴礼、大通悟学”二十四辈，叫“前二十四辈”，其中“元”一作“圆”，兴一作“行”，“悟”一作“无”，“学”一作“觉”，据说由罗祖拟订。实际上，按二十四字辈传统，为罗教所创，而为青帮先辈所借用，以为帮内家谱。由此也看出青帮与罗教之关系。据青帮“通草”，青帮奉前三祖为前三代，分占“清净道”三字，第四辈则是“后三祖”，即“德”字辈立帮。

据说立帮后徒子徒孙越来越多，小祖师王降祖即王德降便续定了“万象依皈、戒律传宝、化度心回、临持广泰、普门开放、光照乾坤”二十四字，即“后二十四辈”。后来，又有人续定“绪结岘计、山芮克勤、宣华传忱、庆兆报魁、宜执应存、挽香同流”二十四字，为“新二十四辈”。解放前后，青帮已传到“大通悟觉”几个字辈上。“大”字辈名人为张仁奎（字锦湖），收徒三万之众，在北洋军阀做过江苏通海镇守使；“通”字辈名人为旧上海“青帮三大亨”的黄金荣、张啸林，杜月笙则是“悟”字辈。

“辈分大，压死人”，小辈必须绝对服从大辈师父，高辈对低辈可以“替祖代法”，惩罚、处死，有绝对的权威，帮主“老头子”也以“家法”、“家礼”统治全帮。青帮进入城市与地痞流氓结合后，辈分关系就沦为主仆关系，徒弟借师父在社会上的地位和能力为其充当打手喽啰，分得利益，而师父则使用大批徒弟广辟财源，扩大势力。

# 四、江湖礼仪

江湖礼仪是江湖组织接纳成员及其行走江湖的特定方式，因宗旨、地理原因和保密需要，形成了不同的特色。这些礼仪，既反映了该组织的信仰和行为特点，也是一种有效的控制手段和联络手段。因此，江湖礼仪就成了江湖组织的主要构成要素之一。

江湖礼仪根据其意义可大致区分为两大类，一类是接纳成员的仪式，叫“入会仪式”，例如开山、拜师、收徒、起局；一类是行走江湖的礼节，如拜码头、拐子礼。“入会仪式”根据仪式的内容和接纳成员所采取的方式，又分为拜师和拜会两大类。拜师仪式一般是教门宗教仪式，有受戒、传诀、唱誓愿文、上表挂号等内容。受戒，就是传授教帮内的戒律，一般有戒杀、盗、淫、酒、诳语等“五戒”；传诀，即传授秘诀，如教内一般传“真空家乡，无生老母”；唱誓愿文，即上看宣誓，表示决心；上表挂号，就是书写加入者姓名，向所供奉的神祇、祖师焚化。拜会则是会党开山立堂、招募群众的仪式，一般有穿过刀门、传授密语暗号、滴血饮酒、宣读誓词等内容，来“结拜兄弟”，同甘共苦。

## （一）拜师仪式

1. 入教拜师仪式

① 白莲教。入教的群众，需由介绍人引入，并举行拜师仪式，方可成为正式教徒：先令“过愿”（即赌誓学此教，上不漏师、下不漏徒、中不漏身），并纳上根基银两；次由师父传“灵文”（即教内经卷）、秘诀（即“八字真诀”）、授予戒条（即传授教规，“三皈五戒”）；再次“升丹”（即将入教之人姓名籍贯写于黄纸之上，向无生老母焚化挂名）；最后发给“合同”（即日后返回真空家乡的许可证）。

② 八卦教。八卦教的师父，必须是全仕以上教职者方可担任。入教时，先点香三炷，供茶三杯，向列祖、教主、卦长、师父叩头，其次是由师父传给《愚门弟子歌词》（“愚门弟子请圣帝老君，卷莲卸封，清气上升，浊气下降，原是一

句无字真经。三头磕开天堂路，一炷信香到天宫，迟学晚进，礼数不清，照应弟子，弟子与圣帝爷磕头保平安”）、誓语（“第一学好人，尊当家；第二皈依佛法僧三宝，向善；第三不开斋破戒，违者身化脓血”）、咒语（“耳为东方甲乙木，目为南方丙丁火，鼻为西方庚辛金，口为北方壬癸水，性在两眉中间，外为十字街，内为方寸宝，地是中央戊己土”，以及“真空家乡，无生老母”）、灵文以及运气方法（静坐闭目，面向太阳，两手垂下，从鼻孔收入，叫“采清”；又从鼻孔内放出，叫“换浊”）。

③ 无为教。入教须经教内二徒介绍。入教时，将要纳捐的教费用红纸包封，封面上写上入会者姓名、籍贯，男用左手、女用右手高擎，另一手执线香一股，长跪佛前，述说心愿：情愿投身教门，吃素修行，如若中途叛道，死后堕入血污寒冰（男则说“刀山油锅”）地狱，永世不超生。誓毕，由堂长接受纸包，将其线香插入炉内，且告之为某字辈，为某字辈某人的弟子，皈依礼毕。

④ 灯花教。入教仪式首先是“挂号”，即将姓名籍贯并三代生年死月写在黄纸上，在佛前焚化，但是，只有当纸灰在一刻钟之内不被风吹散者，才说明与佛有缘，然后举行拜师

仪式。该教规定，新入教者必须投拜在一老教徒座下为弟子，但拜谁为师，为防争抢徒弟，须在佛前“拈阄”而定。如果事先被掌教看中，便在阄中作弊，使之拈得投拜观音或如来、弥陀门下的阄，“一步登天”；第三步是“求道”，由投拜师父教他熟诵教中一些常用经符；第四步就是“采取”了，入山采天然草木合药后治病积德，或宣扬灯花教能避瘟疫、消灾求福，都行；最后一步叫“火候”，等于到了炉火纯青的时候了，可以享受教中诸多权力，而不用再尽义务了。

⑤ 红枪会。其入会仪式一般在祠堂或庙宇中进行，内铺设神坛为“香堂”、“学堂”。神坛设于屋的上首，靠墙安几为“神台”，台中间墙上贴一用黄纸写就的神牌位；台上另备有香炉、烛台、香、表、纸之类；台前一方桌，上放供品。入会者必须有二人担保，得到教师批准。仪式进行之前，必须斋戒，禁止食肉，不茹“天三厌”（雁鹑鸠）、“地三厌”（犬马牛）、“水三厌”（虾鳖鳅），并且戒绝性生活，49日内不行房事。入会时，先沐浴，再拜师，三跪九叩，礼毕，集体赤膊跪于神台前，两手握拳，以拳触地，将头置拳上。神台上燃烛焚香，右放一大灯，左放一盛凉水的碗，教师念咒画符，点燃符箓，将其灰溶于水，给入会者各饮一口，再由教师耳传

法语。然后燃线香，随教师出门至屋外空地上请神。请神时，先面正北，俯首举香至顶，默念："弟子某某谨请玉皇老爷出宫离位下天堂闻香。"持香一揖，跪行一叩首礼；再面东南请观音老母，最后西南请祖师老爷及周公、桃花仙、掌旗将、金刚将、黑虎、灵官、龟蛇二将。然后持香返香堂，入门和至神台前均举香默念所请之神，再插香于炉，请神礼毕。最后一项活动叫"装身子"：会员跪于神前，教师两手捏印诀，在香炉上稍炙，吸一口气，引右手至后方，口中默念咒语，用右手向灯焰一拂，然后以口靠近灯焰，猛吸灯焰入口，走至会员身前，以右手承口，遍吹会员身体。之后，会员跪地，合掌当胸，默念护身咒语："天护身，地护身，前护身，后护身，左护身，右护身。观音老母前护身，黎山老母后护身，祖师老爷护身紧护身，五雷刚。"再念当炮咒语："无量佛，我请圣帝老爷护我身。五雷刚，我请祖师老爷当洋枪。青龙祭起五杆神，炮打在身旁，自落自吊，清泉水焚符三道，用在肠内轩衣当炮，急急如律令。"每默念一遍，则举手一揖，随即吸气一口，如此约一小时，叩头起立，再跪地一叩，谓之"送神"。

⑥ 在理教。为戒烟酒而投拜理门者，需"带道师"、"求

师”、“引师”三人介绍，写一张“求引带帖子”，交公所当家的，才带新理到公所，在领众主持下“点新理”。第一步是先设置理坛，在公所正房的大炕上置一炕桌，中放一檀香炉，炉后摆一堂五个葫芦，两边有“止静”、“求顺”牌，葫芦后为观音瓷像；炕沿挂白布或白绫，上画或绣海水荷花；炕前地上置一黄布拜垫；炕桌两旁设四个坐垫，坐四位资深道亲为陪坐，桌后正中设大坐垫，领众盘膝坐此。第二步是“下参”，引师导新理至坛前，叩拜于拜垫上，引师报告引“新师弟”的情况。第三步是传念真言，领众问其入善门是否自愿，在回答“出于我心自愿”后，便起身拉新理手，传念“观世音菩萨”五字真言，并教以默念真言二十一字诀：“以后念时，必须闭口藏舌，舌尖顶上腭，沉心浮气，气托心念，一气贯通。”第四步是传授新理理门道理，如孝敬父母、和睦乡邻、吃亏是福以及讲明五字真言的要求和作用：“上不传父母，下不传妻子，逢人不可告诉，告诉人如同坏理一般；如有大灾大难之时，找无人处，出口念真言三声，圣佛闻知，必有搭救。”第五步是传授新理道规，突出强调戒烟戒酒，其他六戒，如烧香烧纸，养鸡猫狗，皆可通融。最后，领众说：“下去与你求、引、带师傅下参，愿师弟你以后佛天造化。”

结束仪式。如对女新理，则在传授五字真言时，须用一条白布叫“登岸布”，隔坛桌各牵一头，手不接触，以示男女有别，授受不亲。

⑦ 一贯道。一贯道新徒许多是被亲友拉入的，先参观道中眼花缭乱的扶乩活动，然后鼓吹避劫得道，几经游说，同意入道后，就可参加“进道”、“点道”仪式。进道人先由引保师报告坛主，坛主报点传师，审查批准后，填写一张表文，上有入道年月日、年龄、籍贯、供果费数目、引保师姓名及入道功德费若干等项。进道时，要漱口洗脸进入佛堂。佛堂设无生老母神案，两边配“普度三曹，俯首共同返本；平收万教，携手齐起归根”、“道降东鲁归一贯，法设西秦会三元”的对联；正中佛桌上供有弥勒、济公、观音、关公、吕纯阳等像，当中后悬一牌位，上写“明明上帝，无量清虚，至尊至圣，三界十方，万灵真宰”，即道中人所称“无极老母”，又设佛桌、佛椅、佛灯，以及素点、糖果供品，摆香炉、蜡烛；供桌前置前三后三六个跪垫。进道人跪在“明明上帝”神位前，献上供礼，然后由点传师、引保人、执礼人、陪坛人叩头献香，随后由点传师诵念《请坛经》，引保师立愿保证，进道人立“立道愿”，表明诚意，遵规出力；宣誓毕，由点传师

升表，佛前焚化，“天榜挂名，地狱抽名”。以下便是“点道”仪式，主要是传授“三宝”。“三宝”由点传师传授。一贯道以为世间有至贵至圣至神秘的东西，开天辟地以来，人们很少有幸得之，现值三期末劫，罡风即将扫世，得此“三宝”，可避一切劫煞，得了“大道”。“三宝”规定上不传父母，下不传妻子，永生不忘，如有泄露，必遭五雷轰身。第一宝是“抢合同”，两手放在胸前，手心向内，左手放在右手之上，右手拇指按右手第四指第三节纹，左手拇指按右手小指第三节纹，称为“子亥诀”，谓“子亥相掐怀中抱，能脱九九大劫关”。“子”、“亥”为“孩”，此诀象征无生老母唤回九十六亿原佛子，认母归根。第二宝是“点玄关”，点传师用手指在进道人两眉中间一指，就叫点开玄关，并称“一指会中央”，然后再用左手掌在进道人面前一抹，说“万法皆超然”。而对女徒则说“灵中受一点，只祝保无殃”。一贯道认为，玄关不但是人死后灵魂升天的出路，也是人活着时一身的主宰，人的一切聪智，全来自玄关；未曾点破玄关的人，灵魂死后便从两眼散出，进入轮回。第三宝是“传口诀”，即传“无太佛弥勒”五字真诀。道中规定，只能暗传默念，不许进出口、写成字，故又称“五字真言”为“无字真经”。它是死后上理天的凭证，如果泄出口，便进不了天门；而平时默念，则逢凶化吉。“三宝”传毕，入道手续就办完了。

2. 青帮拜师仪式

青帮的拜师仪式大致分为三个步骤，履行三道手续，即：投门生帖、开“小香堂”、开“大香堂”。

① 投门生帖。加入青帮，需先由引进师介绍，传教师指导，循其宗派，依序流传。投门生帖，就是请介绍到将要拜的师父即“本命师”座前。帖子要写清自己姓名、籍贯、出生年月日以及祖宗三代的姓名，听候察访，等待通知。门生帖格式标准件为五部分：帖袋（上写“某老夫子上某下某惠存”）、帖封面（上写“正”）、第二页（上列“受业某某某、年、岁、省、县”、“年、月、日时建生”、“现生职业”、“永久住址”）、第三页（上列“曾祖父”、“祖父”、“父”）、第四页（上书“某老夫子座前”、“受业某某某谨拜”）、封底（上书“年、月、日”）。

② 开“小香堂”。即行拜师大礼。“小香堂”有临时和正式两种，前者比较简单，随时随地都可以进行，只需备香烛一份，上供三家祖师牌位一座，分别向师父、祖师爷行完礼即可；后者则比较复杂。一是堂中摆设。有的堂中上悬天地

君亲师之位，中悬三祖之位，挂有“未入会孝天伦名扬寸步，已进道遵师训誉满五湖”的对联，横批为“安清护我”之类；堂中放一案，上有供果六碟（分上三下三两层摆放），清茶一碗，顺摆三炉香，两旁立红烛一对；案下放一孙子炉，三祖上香三炷；门外设“小爷”位，桌上供果三碟，清茶一碗，红烛一对。有的也比较简单，在堂上供奉三祖牌位，烛台三对，八字排开，中间放香炉三只，一字排开，地下放蒲团，门外右边供“小祖”牌位，设烛台一对，香炉一只，蒲团一个。进香堂时，首先净面、漱口（即“涮船”），漱口时左手握住右手四个手指，放在后腰背底下，低头喝碗中水。第一碗水净口，不能下咽，第二碗水净心，又叫“义气水”，须咽下。净面去尘，净口刷污，净心明性，是为“净三业”。净过三业，跪拜门外小祖，由引导师引入香堂。进入香堂，由长辈率领请天地君亲师、翁钱潘三祖、小祖，然后由传道师率领上烛、点香、开坛。以下开始行参祖礼，先由本命师九步到蒲团行三跪九叩之礼，在小祖前行一跪三叩之礼，引进师、传道师依次，其余人按字辈续行。参祖之后，本命师向新进弟子训话、介绍前辈、同参兄弟。最后，再一起送祖，全堂三老四少齐下跪，新进弟子两人捧烛，传道师念诵：“恭送祖师回仙山，香堂家礼已办完。有劳祖驾来降坛，望空谢祖跪平川。三位祖师头前走，护法小爷在后边。祖师拨云往下看，看见儿孙笑连天。”此后，就是师父门生关系了。但是，却仅算“半个门里人”。师父经过几年考察，教给徒弟“三帮九代”、“十大帮规”等帮中密约，待开过大香堂之后，才算正式徒弟，这叫作“师访徒三年，徒访师三年”。

③ 开大香堂。开大香堂是帮中大典，非常隆重，师父门下的徒弟及开过小香堂的门生应尽力赶到，并向师父奉送贺仪。此外，还有各辈人物也来“赶香堂”。开大香堂的地点可选择在“圆门”（和尚庙）、“方门”（道士庵）、“舱门”（粮船）、“正门”（祠堂）、“财门”（店铺）、“宅门”（居家）内进行。事先要安排十二种执事：置堂师（布置香堂者）、请祖师（请祖师者）、陪堂师（香堂上烛者）、上香师、左护法师（传示历代祖师者）、右护法师（宣告青帮规则者）、文巡堂师（查问赶香堂者）、武巡堂师（纠察犯规者）、值堂师（行礼司仪）、引进师（传授本门三代者）、传道师、本命师（收徒者）。大香堂中间设一长台，台中间供天地君师、四海龙王神位，前放一只香炉，两旁一对烛台；两边分别上供历代六佛祖达摩、慧可、僧璨、道信、弘忍、慧能牌位，下首供金罗陆三位

祖师牌位，各置香炉烛台。长台前放一拼桌，供翁钱潘三祖牌位各一座；八字排三对烛台，中间一字排三只香炉。拼桌前放一八仙桌，供青帮第五代文字辈人物香炉三座，一字排开，中间再放大小香炉各一，两旁放一对烛台。香堂门外左边放小桌一张，供小祖牌位，置香炉一只，烛台一对。香堂中挂有对联“三皈五戒度化三千贤弟子，千年万代传流百般好师徒”，或“安清不分远和近，三祖传留到如今”。大香堂的程序，也要复杂隆重些。先请祖，接着上烛、上香、宣讲历代祖师简历、宣读十大帮规。然后值堂师主持参祖，全体分九人为一排，向祖师三跪九叩，小祖师一跪三叩，并指导新门徒向引进师、传道师、本命师各行大礼，再向全堂长辈行礼。以后由引进师传授本帮的三代、船只、旗号、用锁、码头、吃什么水、烧何处柴、用何种兑粮票等“海底”，接着传道师讲话，最后本命师向新门徒训话，交代本帮三代等海底和江湖交接问答方式。最后，由值堂师口诵送祖歌，全体行礼，仪式毕。

3. 其他江湖拜师仪式

① 大鼓行拜师仪式。柳门大鼓行拜师仪式很隆重，必须约请本门中的老少三辈。屋中神桌上供周庄王祖师爷的神位，

摆上弦子、鼓、醒木，往桌上放弦子时，主持人须念祝颂词：“丝与竹来乃八音，三皇治世他为尊，师旷留下十六字，五音六律定君臣。位按那宫商角落，后有文武弦两根。祖师留下文武艺，弟子学艺入了门。老祖留下为有宝，虽然应手又称心，四海朋友把弦供，如要有艺论古今。”供鼓和醒木时，也有一套赞词。当新入门的弟子将拜师红柬呈上，向师爷神位及本门师父长辈磕头行礼时，主持人还要口中念诵：“盘古辟地与开天，伏羲又有八卦传。坎水离火神为地，震雷巽风艮为山，兑泽中央戊己土，八卦西北乾为天。白黑碧绿黄赤紫，行藏至引圣神仙。宝顶呈祥又结彩，香烟缭绕半空悬。庄王祖师上边坐，弟子进香到面前。”仪式完毕，学徒正式从师学艺。

②“小歌班”拜师仪式。越剧最初叫“小歌班”，发源于浙江嵊州一带。那里人多地少，生活贫苦，农家多把子女送去学戏，进“小歌班”前，必须先拜师。其仪式有三个程序：一是拜“祖师爷”唐明皇，“拜过唐明皇。演戏胆就壮，心里勿会慌”。拜时，先在正堂上置唐明皇木雕小像，八仙桌上点起香烛，供起三牲福礼，众学员由教戏师父领着按次序三跪九叩：先是小花脸、二花脸、三花脸、大花脸，再是小生、正

生、老生，后是小旦、正旦、老旦。参拜时，每个学员还要捡点香灰放在酒碗内，并喝几口，据说喝过后记性好，嗓子好。二是拜师父。师父坐在太师椅上，神情严肃慈祥。小花脸头顶一块七八寸长、尺把宽、二三分厚的木质“教方”，带领众学员，按次序一一跪拜。拜毕，师父拿走“教方”，摆到唐明皇雕像前，然后，就开始训话，多为规诫之语。之后，用一支新狼毫笔，从酒盅里蘸起银朱，在每个学员的两眉之间点上一个红点，叫“点眉心”，据说点过眉心，就是打开了学员的“聪明窍”。在越剧界称点眉心的师父为“开堂师父”，终身不变；以后转到别处，另拜他人学戏，后拜的师父只能称“过堂师父”。最后一道程序是“写关书”，即写合同。合同上规定了学徒期限、学戏期间的义务、待遇及违犯班规的处罚措施等等。写过关书，便正式学艺。

③ 乞丐拜师仪式。乞丐入帮前，要向“花子头”叩头认师，得到师父承认之后，便可以跟着他乞讨或偷窃。经过一段时间的观察，师父认为满意，再交上香烛钱，择日举行收徒仪式：香堂正中摆上祖师爷的牌位，前燃香烛，先由师父将一根木棍横于地下，徒弟跪在棍上，师父问他：“江湖很苦，你能做到吃苦不变心吗?”徒弟回答“能”，接着师父将

木棍拾起再放下。然后让徒弟看一下供桌上摆的竹筒、锥子、刀子和一盆冰水等刑具，再让徒弟跪在木棍上，向其宣读帮规，教其讨饭的技巧，以及犯规的处罚。最后，徒弟向师父行叩头礼，群丐小宴而散。

## （二）拜会仪式

1. 天地会的拜盟仪式

天地会的拜盟仪式，在乾隆年间比较简单，在僻静处设立香案，排列刀剑，令从刀下钻过，传给会内口号，就结为兄弟了。到嘉庆、道光年间，结拜仪式越趋复杂：桌上要供奉万提喜牌位，有的还供虚传的蔡德忠、方大洪、吴天成、吴德帝、李色开“五祖”牌位，桌上放一米斗，斗内插五色旗，放两把剑，以及剪刀、尺、铜镜等。米斗象征“木杨城”，剑为七星剑，以示覆清兴明，尺用以比较会员行为，计算天地合一方寸，铜镜用以照破顺良邪恶，剪刀剪开蔽日月之乌云。仪式开始，先过剑门，或从桌下钻过，然后立誓，传授“开口不离本，出手不离三”及“三八二十一”洪字暗号，并用银针刺破中指，或宰鸡取血，共饮血酒。还有的在供桌后烧火一盆，清水一碗，盟誓歃血之后，跳过火盆，饮清水一口，以示“同赴水火不畏避”。更为复杂的，则是：“一进洪门，二进忠义堂，三进乾坤圈，四饮三河水，五到木杨城，第六峀（盖）被，第七斩七，第八插（歃）血，第九饮太平宴，第十过火炕，十一到福德祠买果，十二老母俾本钱三个，另有血根钱一个”。

2. 哥老会入会仪式

新会员称“新贵人”，入会前，每人准备一个“符帖子”(即票布)，用红绸或红纸裁成一寸见方，上印山、堂、香、水、内外口号、诗句，如“楚荆山”、“忠义堂”、“通天香”、“甘露水”、“内口号：反清复明”、“外口号：结仁结义”、“楚荆山上把香烧，忠义堂前结故交；甘露水中漂好汉，通天香寨访英豪”；四角印有“拜×××、承×××、恩×××、义×××”四字，称四位拜把兄弟；中间标有新贵人姓名、出生年月日时。票布标有鲜明的政治口号，要求会员严加保存，有的要求将票布内容背熟，然后烧掉，以防泄密，其印版由寨主保存，名叫“符帖板”，暗语称作“天花板”。入会仪式一般在夜深人静时举行，会场中间设香案，正中供奉关羽等神位，两旁悬插各色会旗，案前分列香炉、烛台，燃香点烛；案下设四人跪拜棕垫或蒲团，垫前置白酒一碗，菜刀砧板各一；会场门口设有面盆毛巾。仪式开始，各人先漱洗，先进弟兄分列两旁，新贵弟兄人手执一棒香，排立阶前。传道师主持仪式，大声喊道："请大哥登山。"大哥便从内走往香堂，两拳挥舞，口中朗诵："大令出哨，地动山摇；逢山开路，遇水搭桥。逢山开路三千里，遇水搭桥万丈高。一不是天子驾到，二不是文武来朝，为的是俺们弟兄结仁结义结英豪。"边念边走，到了香堂口，转而向上继续前行，再念："一步天长地久，二步地久天长，三步来到忠义堂，忠义堂前喜洋洋。"念完，站在香案左侧，手展红纸上的新贵名单，按名点叫，下面应答。点完名后，传道师捧雄鸡一只，走到案前，边舞边念："此鸡不是非凡鸡，头又高，尾又低，一飞飞到香堂里，仁义大哥一见笑嘻嘻。仁义大哥撒把米，这叫结仁结义患难鸡。"将鸡头拧下，沥血于酒碗中。阶前新贵，四人一班，跑到香案前跪下，将手中棒香，交给传道师，束为一束，将香头搁在砧板上，左手执香尾，右手持刀，等四人宣誓"倘违此旨，有如此香"时，应声刀落。然后每人饮血酒一匙，向上叩首而立，分批做完后，山主致辞，两旁先进弟兄向山主"拉拐子"道喜，仪式结束。

3. 香港黑社会组织开堂仪式

室内设有用四方桌叠成三层式的供奉台，最上层供奉羊角哀、左伯桃，中层供奉梁山泊一百零八将，下层供奉前五祖、后五祖。上述牌位，都用红字书写在黄纸上；供桌前设一纸塔，塔门书“高溪塔”三字；供桌两旁置“洪门刀”及“龙凤棍”各一；供桌中央置一“木杨城”木斗，下放两条木板，叫“二板桥”。进入室内的门，叫“洪门”，两名“天佑洪”把守左右。仪式开始时，先由“白纸扇”上香，跪下献刀献棍，起立高呼“恭请坛主”，于是坛主进入会场，端坐在供桌前特设的座椅上。坛主是主持该次香堂的人物，可以是香主，可以是“二路元帅”，也可以是“坐馆”或不在职的“红棍”。坛主就座后，转身面向供奉台上象征刘关张三结义的“三把半香”，然后率众下跪。此时，所有“收马”（即招收新人）的大哥及观礼的叔父亦须下跪，拜毕仍分列两旁，各就职司之位。此时坛主大喝“传新人”，把门的两名“天佑洪”高声应答，然后带新入会者鱼贯而入，入门时，还设以问答：“这是什么门?”“洪门。”“入来做什么?”“投奔洪门。”“投奔洪门，有何目的?”“金兰结义，保主登基。”“是别人逼你来的还是诚心自愿来的?”“诚心自愿。”“既然自愿，请入洪门，受坛主恩典。”新人全部入场后，向供桌下跪，“执事红棍”烧香一把，每人授以一支，“新马”接香后高举过顶，“执事红棍”就拿起“洪门刀”，分别向“新马”背上轻轻一拍，然后大声传谕：“身入洪门，不得勾结官府，不得欺兄霸嫂，不得出卖手足，不得吃里爬外，不得调戏姊妹，有事不得畏缩不前，不得泄露秘密，不得勾结外人出卖兄弟，不得三心二意，不得欺师灭祖，否则三刀六眼，势不容情。”“执事红棍”每传一谕，“新马”就高应一声“是”。传谕完毕，“执事红棍”挥动“洪门刀”唱诵：“此刀本是非凡刀，昔日老君炉内造，七七循环圣火炼，方能炼成三把刀。头把掌在关公手，取名青龙偃月刀；二把落在晋王手，取名开国定唐刀；三把落在洪英手，取名本是除奸刀。有仁有义，共结金兰；无仁无义，三刀六眼！”至此，“洪门刀”归案，坛主命“新马”起身，介绍在场的人物相互认识，然后再开始“斩鸡头”。“斩鸡头”又称“斩凤凰”，由“执事红棍”请出“洪门刀”，往场中一站，念诵“斩凤诗”：“凤凰生来四头齐，五湖四海尽归一，有仁有义同祸福，脱去毛衣换紫衣。”念毕，刀落鸡头去，血滴盛白酒的大碗中。上至坛主，下至“新马”，一一以指头沾酒，往口内一吮，为“歃血为盟”。接着坛主退席，将所有牌位令旗一一焚化，“开堂大典”结束。

## （三）开山立堂

哥老会中的某个兄弟，交游广阔，为人信义，具有一定势力，又有其他洪门组织的支持、赞助，就可纠集会众，筹建新山头，“开山立堂”。

1. 开山程序

新建山头的开山仪式，大都是和开香堂收纳兄弟的仪式同时进行。择一黄道吉日，选一深山古庙避人耳目之所（民国后已无顾忌，可选城镇中的大庙场所公开进行，有的甚至邀请军警界观光），布置会场。场中正面坛上，设洪门前后五祖神位和关羽神像，下设“木斗”，称“木杨城”，木斗上两旁插三角形旗帜十面，中树本山的帅旗。据说木斗上“木立斗世”四字，为天佑洪所创，取意“木”为十八，即顺治帝在位年数，“立”为六一，康熙帝在位年数，“斗”为十二，雍正帝在位年数，世为二卅，乾隆帝在位年数，以示清代至乾隆末年必然灭亡。十面旗代表前后五祖，旗上各书前后五祖的配分省名和洪门独创文字，旗各分为深红、红、黑、白、绿五色。下面为供桌，上摆香炉、红棍、镜子、宝剑、尺、算盘、剪刀、斗秤等，两边分列山主及内外八堂执事令旗，旗用大黄或杏黄绸布做成，一律一尺三寸见方，上写执事职称，均为开香堂仪式举行时各执事应用的。

此外，还必须备有“进山柬”和“出山柬”两种文书。进山柬有本山堂的同仁昭告天地的誓文，多用四六体写成，并附有会中执事成员的名单及种种条例规章，留待会场公示和宣读后，即行焚化。出山柬则是通告天下各地山堂的文告，即邀请书和开山宣言，阐明本山的意志方策和山堂香水名称，以及开山地点、日期等。

开山时首先要遍请相邻各山头的寨主，以便得到他们的承认和支持，为日后扩大地盘、招收党徒打下基础。同时，也应通过各种渠道聘请地方势力如富绅名士商贾到场，借以大造声势，扩大影响。湖南回龙山开堂时，就遍请各山寨主、富户豪商，饮叙了三天三夜。

2. 开山行令

在开山过程中，会内各首领要以“条令”言词来表达，一般有：

① 开山令。由外八堂红旗执行，一开始就拉武拐子，行令者奔进室内，顿足挺立，双手下贴，开讲：“手捧一支开山

令，威风凛凛鬼神惊。桥大还要开得正，路险还要开得平。前面开的朱雀岭，后面开的玄武门，左边开的青龙镇，右边开的白虎村。四面八方都开尽，中间又开月宫门。上面供的五圣帝，下面设的议事厅，满园哥弟来结拜，同心协力进洪门。倘有哥弟犯了令，洪家法律不容情。但愿哥弟不犯令，招财进宝福寿全。开山大令讲完了，满园哥弟进山来。”

② 传令开山。“开山今日子时开，众家兄弟听开怀。几到月宫齐挑起，忠义堂前把话摆。山道安了生死路，哪个敢进咱香门。不是能人他莫进，不是知他莫来家。身家不清早早走，底子不足早回顾。冒充光棍人人有，查了出来要人头。不是愚下言语陡，今日传令不容情。上四排哥子犯了令，自己挖坑自己埋；下四排哥子犯了令，四十红棍定不饶。我今在此表明白，不是兄弟快回头。”

③ 龙头大哥说令：“大令一出鬼神惊，满园哥弟听分明。昔日留下三支令，万古流传到如今。头支令在大哥手，手执大令镇家邦；二支令在五爷手，来在校场点将兵；三支令在忠义堂。文官一员管百姓，武官一员管兵丁。三支大令管咱们，咱们还要照令行。”

④ 龙头大哥传令：“龙头大令抱在怀，好似韩信登将台。

韩信登台拜了帅，子牙背榜下山来。子牙背的封神榜，仁义弟兄听安排。”

其他各执事则分别以本职的条令向众人朗诵，如金批大令、插烛令、安住令、心腹大令、么满打水令、阴魂令、巡风令、红旗令、斩鸡令、执刀令、插香令、扫堂令、送五祖等程式。所有司仪行令者，都必须熟记令规，行令时吐音清晰、高亢，雄壮有力，切忌拖泥带水。

举行仪式之后，大家入席开宴。席后，寨主主持会议，提拔人员，宣布小山头负责人名单，布置任务等。

哥老会的新会员入会仪式，也可以叫“开堂”、“开山”，两者相比，仪式大同小异，但比组织成立的“开山立堂”，规模小，气氛也没有那么热烈。

### （四）起局入绺

当土匪，有两条路，一是自己起局，占山为王，一是入绺，又叫挂柱，就是入伙。这都要举行一定的仪式。

1，起局

起局，就是几个人在一起，发誓起义，拜十八罗汉为师(十八罗汉中的“达摩多罗”，位居十七，为东北土匪崇拜的祖师)。起局的程序大致如下：

① 喝血酒，起誓。起局之人，割破手指，共同滴入一酒碗中，然后焚香，喝一口后，领头人先发誓说：“拜过老祖拜四方，咱哥们今后就起局了。我自个定个规矩，我要遵守。我要是横推立压（指不守信、不忠诚，玩女人。玩女人黑话叫“压裂子”），我不得好死。我上前方，一枪打死，一炮轰死，喝水呛死，吃饭噎死!”然后其他人也跟着这么说一遍。“死”字只在起局时说，以后不许说，遇到“死”字，说“倒了”、“睡了”、“老了”。

② 起报号。就是给大当家的起个名号，即俗谓“外号”、“绰号”、“诨号”。报号即兴而起，有的以枪法的准确来起报号的，如“双镖”、“滚地雷”、“快枪林三”；有的以地盘定为报号，如“常山虎”、“土岗龙”、“阴山”、“水边”、“占东岗”、“老三省”、“三团主”；有的怕百姓说自己坏，按民意定报号，如“南来好”、“北来好”、“东来好”、“西来好”、“一江好”、“两江好”、“三江好”、“五江好”、“九江好”、“半拉好”、“大家好”、“哥俩好”、“青山好”、“陆林好”；有的以起局目的走运发财为报号的，如“宝全”、“金局”、“银堆”、“金闪闪”、“开门宝”、“出门宝”、“宝盛”、“达三江”、“财神爷”、“飞虎

团”（“飞虎子”，指大票的钱）；有为一件事作报号的，如“顺风耳”（看果园时，有偷苹果的，他贴在树上一听就知道）、“刘不开面”（因处罚犯奸淫罪的叔叔而得名）；有的以纪念性质的物事定报号的，如“穿山甲”（纪念一次出击被追）、“包打一面”（一人断后，使官兵上不来）；有的以威武定报号，如“下山虎”、“飞龙”、“山豹子”、“野马”、“座山雕”、“黑龙”、“老北风”、“徐大马棒”、“双胜”、“宋司令”、“侯老帅”、“北霸天”、“驮虎”；有的以快速特长作名号的，如“岗溜子”、“旋风队”、“草上飞”、“一股风”；还有以自身形体特点定报号的，如“金大牙”、“张大下巴”、“独眼龙”等。

③ 分工、选窝、打招呼。安排四梁八柱，选好山场、岗头或苇塘等地段作“窝”，和这一带已有的山头绺子打声招呼，一支新绺子就算起局了。

在起局之前，一般要有“局底”，即家当，这需要做些准备，如去夺枪、抢钱骗钱买枪。

2. 挂柱

“挂柱”是土匪黑话，即入伙。加入土匪可需要保人保举，也可自己投靠。保人具保比较简单，找一个和绺子里四梁八柱熟悉的人，先打好招呼，再立个字据，上面写明来意，表明决心，愿意“走马飞尘”、“不计生死”，然后交由“字匠”保管，就算是入绺的手续了。而自己投靠的人，不但必须先找个亲戚朋友“相识”的“挂钩”，而且还要经过严格的盘问、考验，方能拜香结盟入伙。

① 过堂。就是考验入伙人的胆量。有两种方法：一是叫来人在头顶上顶个葫芦或酒壶之类，朝前走，不许回头，走到百步左右，大当家的举枪射击，打碎头上所顶之物，然后派人摸摸入伙人尿没尿裤子，尿裤子或吓瘫了的，就叫“扒子”，挺住了的，就叫“顶硬”；二是陪着“炮头”出去“打食”（寻找抢劫对象），不给他“喷子”（枪）和“青子”（刀），却让他去“踩盘子”、“望水”（打探情况），如果干得好，“炮头”就对大当家的说“这人遛过了，还算顶硬”。这才允其拜香。

② 拜香。就是插香对天盟誓。这个拜香，不同于起局拜香，需要由“挂柱”之人自己“栽香”，栽香要插 19 根，其中 18 根为十八罗汉，当中一根是师傅（大当家的）。19 根香要分作五堆，插法很讲究。要前三后四，左五右六，当中再插一根。然后自己跪下，说：“我今来入伙，就和兄弟们一条心，如我不一心，宁愿天打五雷轰，叫大当家的插了我；我今入

了伙，就和众弟兄们一条心，不走漏风声不叛变，不出卖朋友守规矩，如违反了，千刀万剐，叫大当家的插了我！”这时，大当家的便在一边说：“都是一家人，你起来吧！”“挂柱”的说：“谢大哥！”大当家的又说：“去认认众哥们！”

③认哥们。“挂柱”之人首先要走到“炮头”跟前，说“听大兄弟指点”，“炮头”就说：“强中更有强中手，你的枪法还得练哪，每天早点起来，别踏被窝子；到你的卡子精灵点，有事及时发号，大家的命都在你这儿了。”交代完了，就叫人发给他枪和子弹。然后又到“粮台”那里，说声“听大兄弟的”，粮台就训导一番，吃饭别挑肥拣瘦，学孔融让梨，就发给他衣服被褥、毛巾肥皂。以下依次拜完四梁八柱，又见过众弟兄，就完成了“挂柱”仪式。

### （五）日常礼仪

1. 拐子礼

洪门的礼节，通称“拐子礼”，又称“丢䠷子”。他们自称为武将军礼，不以明代的规矩，也不尚清朝的礼节，故名“䠷子”。䠷，音桅，长江中游一带土语。拐子礼有文、武之分。武拐子动作威武有力，不常用，仅限于开山立堂，开堂放票。

司仪者有气势地冲入会场，先双足顿地立正有声，两手齐附股侧下垂有声，挺立，右手食拇二指成开口椭圆形，不能相连，三指并着伸直，然后左手以同样手形与右手点触。点触的位置，视会内成员的身份而定。文拐子，主要在一般礼节上使用，手指弯二伸三，食拇二指成开口椭圆形，若闭口，便视为极不礼貌。其余动作亦视礼节内容和人物身份而定。例如：

① 山主。先将两手附胸前合抱后向左右分开，左右手的拇指跷起直竖，余四指屈附手心，右手向前直伸，上下三起三落，叫“凤凰三点头”；左手向后过头不动，但右腿向前弯曲，左腿向后直伸，叫“前弓后箭”。以后右手随右腿收回，右腿与左腿并立，两手过左肩合拢后，再向左右放下。

② 执事。开始动作与山主大致相同，惟右手成拳形，以左手呈“三把半香”形于右臂上，需照各人的步位按于规定点表示，以后两手并拢，向左边合掌靠胸收放。但管事另有大礼，以左右手，成“三把半香”形，手心向上，分附于左右的腰际前，叫“怀中抱月”。

③ 女会员。四姐七妹的行礼，另有一格，两脚并立，左右手成“三把半香”形，手心向上，左手向前与右手交叉，平附胸前（七妹则右手向前平附腰际），左腿向前与右腿交

叉，但交叉的手向左右中三摆动后，双手由正中合掌收放。

④ 躿躿礼。当洪门兄弟在茶馆中吃茶时，遇见相识的同门兄弟，身不起立，用两拳相对，将两拳向头偏面举在眉耳之间，看对方坐得偏右，则举拳偏左；坐得稍左，则举拳偏右。因为作揖不在正面，是歪揖，故叫作“躿躿礼”。

2. 拜码头

洪门兄弟为方便外出联络访友，订立了许多暗号和规定，要应用许多条令，互相对答，才认为兄弟，予以接待，这叫“拜码头”。拜码头一般在标有洪门暗记的茶馆内或饭铺内进行。例如：

① 清包袱问答。即主客问答：请问阁下有站无站？有站。请问阁下站东站西？站西。请问阁下水旱二字站哪个站？站水字，当年关帝水擒庞德。请问阁下站文站武？站武。请问阁下玄斗二字站哪个字？站玄字。请问阁下金木水火土五字站哪个字？站金字。请问阁下威德福自宣松柏一枝喜十个字站那个？站威字。请问阁下孝悌忠信礼义廉耻八个字站哪个？站信字（管事回答）。请问阁下有爱无爱？承蒙你老哥的雅爱。

② 山堂步位回答。即问山堂、间级别：金山银山，不知阁下在哪座名山？好说，草字草山，我兄弟是在××山。金

堂银堂，不知阁下是哪座名堂？金堂银堂，是位台的名堂，我兄弟是××堂。金步龙步，不知阁下在哪一步？一步、两步、三六九步，我兄弟蒙恩兄的栽培，承兄的指示，妄站×步。

③ 四大盟兄和出身问答。请问头顶四大盟兄是哪几位？好说，恕我兄弟擅提仁兄的金名玉讳，恩兄××，承兄××，保兄××，荐弟××。请问你老哥是初一出身还是十五出身？兄弟是初一出身（即自幺满进步。若是一步登天的大爷，便说“十五出身”）。

再如拜码头时应用的条令：

① 拜码头交接令：“金码头，银码头，来到你老哥的贵市大码头，久闻你老哥有仁有义，有才有志，在此扯旗挂帅，山清水秀，聚集英雄豪杰，栽下桃李树，结下万年红，兄弟特来与你老哥跟班护卫。初来贵市宝码头，理当先用草子单片，到你老哥的大衙门，三十六衙门，七十二辕门，投报挂号。金帐银帐，黄缪宝帐，中军宝帐，红缪宝帐，莲花宝帐，今日到你老哥的龙虎宝帐，请安道喜。兄弟交接不到，礼仪不周，瓶子不满，钳子不快，衣帽不整，过门不清，长腿不到，短腿不齐，跑腿不称，所有金堂银堂，位主盟堂，上四排哥子，下四排兄弟，上下满园哥弟，兄弟请安不到，拜会

不周。金字旗，银字旗，请你老哥打个好字旗，金咐银咐，请你老哥出个满堂好上咐。”

② 接客答条令：“好说好说，不知你老哥大驾来到，兄弟未曾收拾少安排，未曾接驾休见怪。你老哥仁义胜过刘皇叔，威风胜过瓦岗寨，交接胜过及时雨，讲经上过斗法台，好比千年开花、万年结果老贤才，满园桃花共树开。早知你老哥驾到，应当铺三十里地毡，结四十里彩红，五里排茶亭，十里摆香案，派遣三十六大满，七十二小满，摆队迎你老哥。我兄弟少礼，望请你老哥海涵海涵。”

3. 赎罪礼

① 顶礼。灯花教徒如有重罪，自愿奉香金，可赎罪改过，少则三五堂金，多则几十堂金，或米或钱不定，视当事人的身份和家产。曾有一位富孀犯了戒淫规条，“掌教”愤怒，要驱之出教，富孀找“大姑太”从中斡旋，愿出一千堂香金，附加一百零八堂香金作功德，为“老姑太”增福延寿，事乃已，保住为人正派的名声。赎罪仪式分两步，一是先由教徒备齐许诺的香堂金，交与“掌天盘”；二是亲谒“老姑太”，向其长跪哀求，名为“顶礼”。得到“老姑太”许可，则菩萨面前就由她疏通，死后仍可升天，不必担心；如若多出赎金，

“老姑太”一高兴，则连“顶礼”也可捐免了。

② 锯大碗。在理教的人如果重新吸烟喝酒违犯戒条，退出理门，叫“反理”。俗谚曰“在理不穷，反理不富”，若有悔者，还可以“锯理”，重新回教，称为“锯大碗”。请求锯理的人，必须向公所贡献一笔香金，然后再举行简单的赎罪仪式。请求锯理的人，仍须由引师领到公所理坛，先参拜，后引师对领众说：“今有×××师弟因病服药，误犯师傅戒律，现请求再为慈悲。”领众说：“苦海无边，回头是岸，回头好，回头好，前番过错一笔扫。好，你自己念吧！”锯理之人照念一遍，就把理又锯上了，此后，理门之人仍以道亲待他。

4. 坐关传道

坐关传道是无为教创始之时的活动仪式，选择入教未满三年的有“善缘”的男女信徒一二十人不等，在密室中传道。先辟室一间，洒扫洁净，闭塞窗穴，务使室内密不透风，因为大乘至道，为天地所忌，以防泄露玄机。室内设圆桌一，椅凳若干，便溺器若干，大被两条，一铺一盖。入关前一天，照例做“铺佛”一堂，费用由坐关教徒公摊，名为“告佛入关”。每日子午两时，由堂长入关传道，名为“子午功”。如坐关的男道徒多，就用女传道；如坐关的女教徒多，则用男传道。也可子时由女传道，午时由男传道的，名为“转轮功”。入关后，须三天三夜不饮食，名为“斩三尸”，然后七天七夜不吃晚饭，名为“解七魄”，直到第十一天，传道者才授以六句谒言：“五眼三心，四智六度，万行齐修，圆光一颗，百八牟尼一串珠，利物济人兼自渡。”背过这六句话，就参透了“小乘道法”。

5. 大破台

调门戏班，在一座舞台落成或改建，或是一个戏班初次来这戏院演出，又适逢农历年底，就得举行祭台仪式，叫“大破台”。除夕半夜，由戏院东家率领戏院中全体人员，收拾好戏院，四处贴上红纸封条，然后熄灭灯火，再由艺人们扮作鬼神。锣鼓齐鸣，扮演灵官者，右手执鞭，左手执香，出台追赶“无常”，“无常”艺人需前台后台、楼上楼下跪遍，然后从后台小门跑出院门，在路上脱去戏装，再烧几张黄纸，返回后台。这时“灵官”在台上斩一活公鸡，将血遍洒舞台前后，又有扮“加官”者，戴面具，手持“天官赐福”布条，向四面八方展示后，踱官步下场。最后，扮金面财神者，手托“大元宝”上场，扔给早已等候在台下的东家，东家双手捧抱着，跑到账房里，供在祖师爷神桌上，大家则焚香礼拜，互道贺词。

6．开码头

江湖上的“金皮利挂”四门人物，自称“相夫”，只在本地做生意叫“守土”，出门做生意则叫“开码头”。其中有一些礼节讲究。

“开码头”如要搭乘埠际班船，上船时先和船上老大打声招呼，然后携带行装居于舱头，船资就可以只给“半通”（即半数）；如果径入中舱，就不能享受优待船票。

凡在外地投宿“近头”（即客店。各地都有留宿江湖中人的客店，名为“相夫近头”或“鸡毛店”），清晨起来，即使同道同寓，也各不答话，以免“放快”，说出对方忌讳的话；黄昏时，都已收拾行当归寓，便可以畅谈了。凡在“近头”遇到天时变化，或身患疾病，不能上街营业，而少开销或盘缠，可在黄昏时向同道中人商借，叫“通祥子”。

如果同门两个“相夫”同开一个码头，互受影响，得利不多，先到的“相夫”就可向后到的打招呼，或赠之盘缠，后到的就只得另开码头。如果四门艺人同开到繁荣大码头，首先应拜会先来的或本地的同道，叫“拜相”，以得到他们的支持帮助，如觅个场所，让个场地，凑些盘费等。

## 五、江湖规矩

“人在江湖，身不由己”，江湖中有着各式各样鲜为人知的秘密规矩来规范着这个五花八门、形形色色的地下王国，使之秩序化、秘密化，以求能在高压之下生存、发展，因此，江湖规矩具有相当的广泛性和必要性。同时，江湖组织种类繁多，其组成人员、组织宗旨千差万别，即使同一组织，其分支组织甚至成员，分工和要求也不尽相同，因此，江湖规矩又具有相当的复杂性和多样性。此外，江湖规矩还具有“法律”性和强制性，它是组织内部约定俗成得到一致承认并宣誓遵守的，有一定的“法律”程序，并且一旦违犯，组织内执法者便会严惩不贷，以维护规矩的严肃性和组织的统一性。这里我们重点介绍几个典型的有重大影响的江湖组织的帮规戒律，以了解其内部的约束内容和约束机制。

## （一）洪门帮规

洪门帮规细致而系统，其主要会规为《洪门三十六誓》，还有保证拜盟誓约和会规执行的《二十一则》、《十禁》、《十刑》等处罚规则。

1.《洪门三十六誓》

《洪门三十六誓》以封建伦理道德诸如“五伦”、“八德”为框架，强调了洪门兄弟的团结互助，具体体现了洪门组织的宗旨，并且大都施用宗教色彩，以驱策人心，维持神灵惩罚，当然，它也自始至终地强调了内部情况的保密性。现将清代道光、咸丰年间开始流行的《洪门三十六誓》列载于下：

第一誓　自入洪门之后，尔父母即我之父母，尔兄弟姊妹即我之兄弟姊妹，尔妻我之嫂，尔子我之子侄，如有背誓，五雷诛灭。

第二誓　倘有父母兄弟，百年归寿，无钱埋葬，一遇白绫飞到，以求相助者，当即转知，有钱出钱，如有诈作不知，五雷诛灭。

第三誓　各省外洋洪家兄弟，不论士农工商，以及江湖之客到来，必要留住一宿两餐，如有诈作不知，以外人看待，死在万刀之下。

第四誓　洪家兄弟，虽不相识，遇有挂出牌号，说起投机，而不相认，死在万刀之下。

第五誓　洪家之事，父子兄弟，以及六亲四眷，一概不得讲说私传，如有将衫仔腰平与本底，私教私授，以及贪人钱财，死在万刀之下。

第六誓　洪家兄弟，不得私做眼线，捉拿自己人，即有旧仇宿恨，当传齐众兄弟，判断曲直，决不得记恨在心，万一误会捉拿，应立即放走，如有违背，五雷诛灭。

第七誓　遇有兄弟困难，必要相助，钱银水脚，不拘多少，各尽其力，如有不加顾念，五雷诛灭。

第八誓　如有捏造兄弟逆伦，谋害香主，行刺杀人者，死在万刀之下。

第九誓　如有奸淫兄弟妻女姊妹者，五雷诛灭。

第十誓　如有私自侵吞兄弟银钱什物，或托带不交者，死在万刀之下。

第十一誓　如兄弟寄托妻子儿女，或重要事件，不尽心竭力者，五雷诛灭。

第十二誓　今晚加入洪门者，年庚八字，如有假报瞒骗，五雷诛灭。

第十三誓　今晚加入洪门之后，不得懊悔叹息，如有此心者，死在万刀之下。

第十四誓　如有暗助外人，或私劫兄弟财物者，五雷诛灭。

第十五誓　兄弟货物，不得强买争卖，如有恃强欺弱者，死在万刀之下。

第十六誓　兄弟钱财物件，须有借有还，如有昧心吞没，死在万刀之下。

第十七誓　遇有抢劫，取错兄弟财物，立即送还，如有存心吞没，死在万刀之下。

第十八誓　倘自己被官捉获，身做身当，不得以私仇攀害兄弟，如有违背，五雷诛灭。

第十九誓　遇有兄弟被害捉拿，或出外日久，所留下妻子儿女，无人依靠，必须设法帮助，如有诈作不知，五雷诛灭。

第二十誓　遇有兄弟被人打骂，必须向前，有理相帮，无理相劝，如屡次被人欺辱者，即代传知众兄弟，商议办法，或各出钱财，代为争气，无钱出力，不得诈作不知，如有违背，五雷诛灭。

第二十一誓　各省外洋兄弟，如闻其有官家缉拿，立时通知，俾早脱逃，如有诈作不知，死在万刀之下。

第二十二誓　赌博场中，不得串通外人，骗吞兄弟钱财，如有明知故犯，死在万刀之下。

第二十三誓　不得捏造是非，或增减言语，离间兄弟，如有违背，死在万刀之下。

第二十四誓　不得私做香主，入洪门三年为服满，果系忠心义气，由香主传授文章，或前传后教，或三及第保举，以晋升为香主，如有私自行为，五雷诛灭。

第二十五誓　自入洪门以后，兄弟间之前仇旧恨，须各消除，如有违背，五雷诛灭。

第二十六誓　遇有亲兄弟与洪家兄弟，相争或官讼，必须劝解，不得帮助一方，如有违背，五雷诛灭。

第二十七誓　兄弟据守之地，不得借端侵犯，如有诈作不知，使受危害，五雷诛灭。

第二十八誓　兄弟所得财物，不得眼红，或图分润，如有心怀意念，五雷诛灭。

第二十九誓　兄弟发财，不得泄露机关，或存心不良，如有违背，死在万刀之下。

第三十誓　不得庇护外人，欺压洪家兄弟，如有违背，死在万刀之下。

第三十一誓　不得以洪家兄弟众多，仗势欺人，更不得行凶称霸，须各安分守己，如有违背，死在万刀之下。

第三十二誓　不得因借钱不遂，怀恨兄弟，如有违背，五雷诛灭。

第三十三誓　如奸淫洪家兄弟之幼童少女，五雷诛灭。

第三十四誓　不得收买洪家兄弟妻妾为室，亦不得与之通奸，如有明知故犯，死在万刀之下。

第三十五誓　对外人须谨慎言语，不得乱讲洪家书句，及内中秘密，免被外人识破，招引是非，如有违背，死在万刀之下。

第三十六誓　士农工商，各执一艺，既入洪门，必以忠心义气为先，交结四海兄弟，日后起义，须同心协力，杀灭清朝，早日保明主回复，以报五祖火烧之仇，如遇事三心二意，避不出力，死在万刀之下。

2.《二十一则》

第一则　犯罪而累及其他会员者，重则处死刑，轻则刵两耳。

第二则　奸淫兄弟之妻室，及与其子女私通者，处死刑，决不宽贷。

第三则　诱拐兄弟至国外为奴隶者，刵两耳。

第四则　图得悬赏而捕缚兄弟者，处死刑。

第五则　僭称香主，为一切事件的指导者，处死刑。

第六则　私以仪式书，及会员之凭证，示与外人者，刵两耳，加笞刑一百八。

第七则　新会员有僭越之行为者，刵一耳。

第八则　会中事件，报告于外人者，刵两耳，加笞刑七十二。

第九则　以恶言语对其双亲者，刵两耳。

第十则　恃强凌弱，或以大压小者，刵两耳。

第十一则　私行毁坏堂主之名誉，或滥放邪曲之言语者，刵两耳。

第十二则　兄弟起义时，隐身不出者，刵两耳。

第十三则　遇兄弟危难不救者，刵两耳，加笞刑一百八。

第十四则　盗劫兄弟之财物，不肯返还者，刵两耳。

第十五则　私自毁伤兄弟，或浪费其钱财者，刵一耳。

第十六则　外省洪家有招募兄弟之文书到来，匿不应名者，处死刑。

第十七则　如被外人嘲笑，或诱惑，而报告会中情形者，刵两耳，加笞刑七十二。

第十八则　如管理事件，而有过情之举，或任意消费公款者，刵两耳，加笞刑一百八。

第十九则　入会后，如一月以内不缴会费者，刵两耳，加笞刑七十二。

第二十则　强请兄弟，或欺虐之者，刵两耳。

第二十一则　如破坏规则，抗拒定刑，或归其罪于他人者，刵两耳。

3.《十禁》

第一禁　兄弟之妻室，必须务正，兄弟既有妻室，不应贪色，如妻室不务正者，刵两耳，兄弟贪色者，处死刑。

第二禁　如遇父母之丧，无力埋葬，而告贷于兄弟者，应各尽其力，以谋补助，拒却者，刵两耳。

第三禁　兄弟诉说穷苦，而借贷者，不得拒却，如侮慢，或严拒之者，刵两耳。

第四禁　兄弟在赌博场中，不得故令输财，或私行骗取，如犯之者，笞刑一百八。

第五禁　自入洪门之后，对于会中章程，不得私与外人，如犯之者，处死刑。

第六禁　如兄弟谋营事业，或与国外有所交往，因而封寄钱财，托寄文书者，不得私用，或吞没，如犯之者，刵两耳。

第七禁　兄弟与外人争斗，而来相告，必须援助，如有诈作不知者，笞刑一百八。

第八禁　如有以尊压卑，或恃强欺弱者，刵两耳，加笞刑七十二。

第九禁　兄弟遇有困难，应即济助，如有违背者，笞刑一百八。

第十禁　兄弟遇有危急，或遭官府缉拿，应各设法营救，如有假托规避者，笞刑一百八。

4.《十刑》

第一刑　不孝敬父母者，笞刑一百八。

第二刑　泄露机密者，笞刑一百八。

第三刑　无事诈为有事者，笞刑一百八。

第四刑　愚弄兄弟者，笞刑一百八。

第五刑　结识外人，侮辱兄弟者，笞刑一百八。

第六刑　经理兄弟钱财而滥费者，笞刑七十二。

第七刑　昏醉昏斗，而起纠纷者，笞刑七十二。

第八刑　隐匿兄弟寄托之财物，谋算入己者，酌量加刑。

第九刑　违反兄弟之情，而与其亲戚争斗者，笞刑七十二。

第十刑　欺骗兄弟赌博者，笞刑七十二。

5.《十八章律书》

第一章　不孝敬父母，视其情节，凭众议处。

第二章　不尊敬长上，视其情节，凭众议处。

第三章　倚仗洪门势力，殴辱尊亲，视其情节处罚。

第四章　殴辱同堂兄弟，视其情节处罚。

第五章　调戏同堂之妇女，视其情节处罚。

第六章　调戏同堂尊亲之妇女，视其情节处罚。

第七章　调戏同堂卑亲之妇女，视其情节处罚。

第八章　奸淫同堂尊亲之妇女，加重处罚。

第九章　奸淫同堂卑亲之妇女，加重处罚。

第十章　欺压孤子，视其情节处罚。

第十一章　私卖同堂兄弟，视其情节法办。

第十二章　私卖梁山，视其情节法办。

第十三章　私受贿赂，出卖同堂兄弟，视其情节法办。

第十四章　引水带线，欺骗同堂兄弟，视其情节法办。

第十五章　无端生事，欺灭洪门，加重法办。

第十六章　私引外人私看同堂兄弟之财，视其情节法办。

第十七章　吞没同堂兄弟之股礼，视其情节法办。

第十八章　捏造黑白，威吓同堂兄弟，视其情节法办。

6.《洪门五刑》

洪门帮规，是中国封建社会产生的以家族血缘（异姓兄弟）为基础、以人身依附为特征的民俗文化现象，颇类于族规、乡约、宗法，偏重于对弃祖、叛党、刑犯、争讼、败伦、背义的处置。而洪门帮规，又诞生在封建社会即将崩溃，破产流民大量涌现，人心不古的乱世，因此，不管多严厉的“家法”，也得需要监督执法机制的约束，而负责监督执法的，是洪门中的“刑堂”，由它来按律议处，故产生了《洪门五刑》：

第一，极刑，凌迟或刀杀。

第二，重刑，挖坑活埋，或沉水溺毙。

第三，轻刑，三刀六眼，或四十红棍。

第四，降刑，降级或挂铁牌。

第五，黜刑，抓去光棍，或降入生堂，永不复用。

## （二）袍哥（哥老会）帮规

袍哥帮规，虽效仿洪门，但内容却削弱了秘密结社的互助性和反抗性，更多了封建政治道德色彩。它特别强调了对男女关系的要求，以防会内兄弟因争风吃醋而造成混乱和不必要的伤亡，如湖南一带哥老会规定：会内四姐、七妹及会内兄弟的妻子为“墙内花”，会内兄弟的姐妹为“墙下花”，会内成员的长辈妇女为“墙上花”，会外妇女为“墙外花”、“野花”，家花三十六朵，野花七十二朵，均不能采；如调嫂戏妹或几个会员同与一女人通奸，“同穿绣鞋”，一律淹死。此外，它也特别强调了保密性，“江湖一点诀，莫对父母妻子说；若对父母妻子说，七孔流鲜血”，如有犯者，用尖刀刺腿三刀，成六孔，再在左臂刺一孔。

袍哥主要帮规有《十条》、《十款》，也叫《红十条》、《黑十条》：

1.《十条》

①《金不换》所记：

精忠报国　孝顺父母　敬兄爱弟　和睦乡邻　循规蹈矩　公正廉明　勤俭刻苦　整肃仪容　任劳任怨　笃守信义

②《汉留史》所记：

汉留原本有十条，编成歌诀要记牢。言语虽俗道理妙，总要遵行才算高。第一要把父母孝，尊敬长上第二条；第三莫以大欺小，手足和睦第四条；第五乡邻要和好，敬让谦恭第六条；第七常把忠诚抱，行仁尚义第八条；第九上下宜分晓，谨言慎行第十条。是非好歹分清楚，牢牢谨记红十条。

2.《十款》

①《金不换》所记：

不准越礼反教　不准违背主义　不准恃强欺弱　不准欺兄霸嫂　不准闯市闹祸不准同穿绣鞋　不准化食跑马　不准挑拨是非　不准卖国求荣　不准灭礼乱伦

②《汉留史》所记：

出卖码头挖坑跳，红面视兄犯律条；弟淫兄嫂遭惨报，勾引敌人罪难逃；通风报信有关照，三刀六眼谁恕饶；平素不听拜兄教，四十红棍皮肉焦；言语不慎名黜掉，亏欠粮饷自承挑。

帮规的监督执行，袍哥组织归执法堂，一般在夜间开堂处罚。处罚也同《洪门五刑》：

极刑，叫“三刀六个眼”，“光棍犯法，自绑自杀”，受刑者自铺红毡，袒露上身，立于红毡中间，不能怯死；执法管事对准其心、腹、小腹连刺三刀。死后红毡裹尸掩埋，并立碑记，谓“人死仇散，不失义气”。

重刑，叫“自找点点”，就是挖坑自跳或自杀。

轻刑，一叫“打红棍”，红棍是执法棍，棍打四十；二是用天平打手心；三是罚跪。

黜名，叫“搁袍哥”，即开除会籍或降级。

挂里牌，即停止活动若干天，以观后效。

### （三）青帮帮规

青帮的生存基础最初是在封建政府的严厉追剿查办之下进行贩私、劫掠等非法活动的，所以，它的帮规，内容十分完备。最主要的纪律是《十大帮规》；《十禁》则侧重投师收徒方面；另专订《家法十条》，处治犯规者。此外，还有《十戒》、《九不得十不可》、《安清三十六善》等等，内容多为补充或重复。

青帮的帮规是内向型的，它保证了组织内部的严密性和统一性，谁破坏组织、违忤师父、影响行动，都要严惩不贷；但是，如果对“空子”（即帮外人物）“欺软凌弱”、“奸盗邪淫”、“伤天害理”，则不一定受到帮规惩处。史料所载，青帮骚扰居民、抢劫财物，特别是发展到上海、南京等大城市后堕落为黑社会，如黄金荣、张啸林、杜月笙之流，作奸犯科，罪恶累累，从未被家法处罚过。

1.《十大帮规》

① 不准欺师灭祖。此条确立了师父在帮中的核心领导地位和绝对权威：不拜师不能入帮，无父母不能成人子；父母之恩，师父之德，难以报尽；如果忤逆父母，辱待师父，即为不孝。

② 不准藐视前人。此条要求对本帮及外帮一切长辈都必须敬重，藐视前人，便是藐视本命师父："安清不分远和近，一祖流传到如今"、"一师皆是师，一徒皆是徒"。

③ 不准扒灰捣笼。此条严禁乱伦（即"扒灰"）和损人利己、出卖同伙、捣乱扰财（即"捣笼"）。

④ 不准奸盗邪淫。

⑤ 不准江湖乱道。言语有序，内外有别，严守机密。

⑥ 不准引法代跳。此条保证青帮的发展组织特点，即"三帮九代"：不作本帮门徒的引进师、传道师。一说，此条严禁的是跳槽。

⑦ 不准扰乱帮规。

⑧ 不准以卑为尊。此条严禁擅充大辈。

⑨ 不准开闸放水。漕运粮船途中要经过许多水闸，如私

自开闸，就有翻船危险。

⑩ 不准欺软凌弱。

2.《十禁》

① 禁父子同拜一师。“俗家清父子，香堂谓师徒。”

② 禁止师过方徒又投师。过方，指死亡。如一人不能有再生父母一样，“佛门容易进，万金难买出”。

③ 禁止一徒连拜二师。“师徒大礼重如山，朝秦暮楚非奇男；忠臣烈妇不二主，自古未见两层天。”

④ 禁止关山门再收弟子。

⑤ 禁止徒不收之人师收。

⑥ 禁止兄为师弟为徒。

⑦ 禁止本帮引进本帮。“家规本是三祖留，三帮九代传千秋。”

⑧ 禁止进道后辱骂同道。

⑨ 禁止师过方徒代收人。

⑩ 禁止香头自高。“字大人不大，字小人不小。”

3.《十戒》

① 戒万恶淫乱。“自古万恶淫为首，凡事百善孝为先。淫乱无度干国法，帮中十戒淫居前。”

② 戒截路行凶。“帮中虽多英雄将，慷慨好义性本善。济人之急救人危，打劫杀人非好汉。”

③ 戒偷盗财物。“最下之人窃盗贼，上辱祖先下遗羞。帮中俱是英俊士，焉能收此败类徒。”

④ 戒邪言咒语。“四戒邪言与咒语，邪而不正岂利己。精神降殃泄己愤，咒己明冤皆不许。”

⑤ 戒讼棍害人。“调词架讼耗财多，败产倾家受折磨。丧心之人莫甚此，报应昭彰实难姑。”

⑥ 戒毒药害生。“得人资财愿人亡，毒药暗杀昧天良。昆虫草木犹可惜，比等之人难进帮。”

⑦ 戒假正欺人。“君子记恩不记仇，假公济私无根由。劝人积德行善事，假公整人臭名留。”

⑧ 戒聚众欺寡。“休倚安清帮中人，持我之公欺平民。倚众欺寡君须戒，欺压良善臭名存。”

⑨ 戒以大欺小。“安清道义最为纯，少者安之长者尊。欺骗幼小失祖义，少者焉能敬长尊。”

⑩ 戒烟酒骂人。“烟酒最易乱精神，容易失口漫骂人。家礼亦宜戒烟酒，十戒之末要谨遵。”

4.《十要》

一要孝敬父母，二要热心做事，三要尊敬长上，四要兄宽弟忍，五要和睦乡邻，六要夫妇和顺，七要交友有信，八要正心修身，九要时行方便，十要福慧双修。

5.《九不得十不可》

一不得不顾名思义，二不得不防挑唆是非，三不得不成全人间骨肉，四不得不按本分生存，五不得不注重大道，六不得不求四季平安，七不得误良近恶，八不得损人利己，九不得依帮欺人；

一不可自骄自傲目中无人，二不可浪漫轻佻失去道路，三不可开花叫暴恶口恶舌，四不可抛亲抛养忘恩负义，五不可嫉贤妒能闭塞道路，六不可假充学道自误误人，七不可违犯帮规乱行仪注，八不可独霸安清单帮行运，九不可挡水垒坝窃跳偷渡，十不可口是心非失却信用。

6.《家法十条》

青帮《通草》订有家法制度及仪式，施用家法时照例应开香堂。先请“家法”，供置香案：一是香板，长 2.4 尺，宽 0.4 尺，厚 0.5 寸，樟木，板面写“护法”，背面写“违犯家规，打死不论”，传为翁潘钱三祖定制；一是盘龙棍，长3.6尺，上扁下圆，厚1.2寸，枣木，绘盘龙一条，正面写“钦赐护法盘龙棍”，背面写“违犯帮规，打死不论”。然后仪注，再传犯规弟子，当面议处，由执法师执行：先跪接家法，顶在头上，跪于祖师神像前，聆听宣布罪状及处罚，并应答“心服”、“情愿”，然后自卧于红毡上受责打。执刑人对受刑者说：“我与你，一无仇，二无冤，今日你犯了祖师爷的帮规，我奉执法师的命令责打你，一要你心服，二要你情愿。”受刑者再次应答“心服情愿”，执刑人即念：“法师堂上把令行，手执家法不容情；谁人若把帮规犯，不论老少照样行。”后按量刑责打。其他“烧臂”、“捆铁锚”，仪式相近。下列《十条家法》：

第一，初犯帮规者，轻则申斥，重则请家法处治，再犯时，用定香在臂上烧“犯规”二字，并加斥革。如犯叛逆罪，捆在铁锚上烧死。

第二，初次忤逆双亲者，轻则申斥，重则请家法处治。再犯时，用定香在胸前烧“不孝”二字，并加斥革。如犯逆伦罪，捆在铁锚上烧死。

第三，初次不尊师训，妄言妄行者，轻者申斥，重则请家法处治，再犯时，用定香在臂上烧“顽民”二字，斥革。

第四，初次不敬长上者，轻则申斥，重则请家法处治。再犯时，用定香在臂上烧“不敬”二字，斥革。

第五，初次以长上资格侵占帮中老少所有财产物件者，轻则申斥，重则请家法处治。再犯时，用定香在臂上烧“强夺”二字，斥革。

第六，初次殴打帮中老少者，轻则申斥，重则请家法处治。再犯时，用定香在臂上烧“强暴”二字，斥革。

第七，初次违国法所禁不道德之事者，轻则申斥，重则请家法。再犯重大罪时，用定香在臂上烧“莠民”二字，斥革。

第八，初次诽谤仙、佛、菩萨以及一切宗教者，轻则申斥，重则请家法处治。再犯时，用定香在臂上烧“妄为”二字，斥革。

第九，初次不务正业，专事敲诈、逞凶斗殴，不受规劝者，轻则申斥，重则请家法处治。再犯时，用定香在臂上烧“无义”二字，斥革。

第十，初次犯奸盗邪淫，而伪造虚构、诬栽，殃及帮中老少者，轻则申斥，重则请家法处治。再犯时，用定香在臂上烧“无耻”二字，斥革。

## （四）艺人帮规

江湖艺人在外闯荡，彼此之间难免发生一些冲突，同时，同是天涯沦落人，同病相怜，再加上流浪生涯崎岖坎坷，各行各派又不得不相互依附，同舟共济。诸多原因，无形之中就形成了一些不成文的规矩，而相互恪守，体现了“江湖义气”。例如“开码头”的规矩，“拜相”的规矩，“靠托”的规矩，道“辛苦”的规矩，“先来为主，后来为客”的规矩，“大破台”的规矩，等等，前文都已涉及。

还有一种情况，就是忌“八大块”。由于深受封建迷信的影响，又由于祈盼太平、吉利的心理，在客店（“近头”）里，清晨说话，都忌“放快”，其中最忌讳的有八大项，故名“八大块”。这“八大块”，不能直接说出本音，必须以切口来代替；假如不慎说出了口，听者这天就不出去营业，认为犯了忌讳，出门是不吉利的，那么这一天的经济损失，应当由说走了嘴的人负责赔偿。各门艺人，南北各帮，不许破例。

“八大块”因南北风俗有别，语言有异，故略有不同。南方为：梦（切口为混老)、龙（海溜子)、虎（巴山子。“火”、“虎”同音，也应忌“火”，说“火”为三光)、牙齿（瑞条子)、桥（张飞子)、蛇（柳子)、塔（钻天子)、伞（开花子)、猴（跟头子)，多一块，“九块”；北方的：梦（团皇亮子，即团黄梁子)、龙（海条子)、虎（海嘴子)、牙齿（柴)、桥（悬梁子)、蛇（土条子)、塔（土堆子)、兔（月宫嘴子)。

## （五）土匪帮规

土匪都有他们的绺规，有“十不抢”，“七不夺”、“八不抢”、“五不准”诸多规定，并且有更为残酷的处罚方式。

1. 绺规

① 十不抢。一是喜车丧车不抢，红白喜事为人生两件大事，抢之犯忌，不吉利；二是邮差不抢，“穷教书，苦邮差”，邮差没多少钱；三是摆渡的不抢，过江渡河有求于他们；四是背包行医的不抢，绺子里的伤号，靠他们治疗；五是耍钱、赌博的不抢，据说他们是一家人：“西北连天一块云，天下耍钱一家人，清钱耍的赵太祖，混钱耍的十八尊”、“千山万水一枝花，清钱混钱是一家，你发财来我借光，你吃肉来我喝汤”；六是挑八股绳的不抢，挑八股绳子的是锔锅的或是卖梨

糖瓜子的，他们都是小本生意，不值得抢；七是车店不抢，车店是猫冬的主要去处；八是僧侣、道人、尼姑、佛家不抢；九是鳏寡孤独不抢；十是单身的夜行人不抢。

② 七不夺。娶媳妇送姑娘的不夺，送葬起坟的不夺，和尚道士不夺，妓女不夺，吹鼓手不夺，学士不夺，医生不夺。

③ 八不抢。鳏寡孤独不抢，邮递员不抢，抽贴算命先生不抢，乞丐不抢，挑担小贩不抢，货郎不抢，赌博者不抢，跳大神的和“当鼓的”不抢。

④ 五不准。不准抢穷苦人，不准调戏、奸淫妇女，不准进产妇房间，不准走猪或驴在前面横走过的路，不准动用娶亲人家的酒饭。

⑤ 不横推立压。横推，指办事超乎常理，太不近人情。规定“压”哪家，只要人家告饶，就不许打杀。立压，指用强迫的手段奸污女人，土匪称立压之人为“邪岔子”，一律处死。

⑥ 恭敬大当家的。大当家的是凭着“管亮”当选的，“管亮”就是枪法响、准、狠，会“十步装枪法”，又会“两腿装弹术”；此外，大当家的还得“局红”，使绺子兴旺，威望高，是绺子里的主心骨，因此，绺子里四梁八柱和崽子们必须尊敬他。

⑦ 兔子不吃窝边草。土匪们尽管到处砸窑绑票，但一般不打搅和难为父老乡亲，“人身为匪，乡情还在”。村里谁家有了红白大事，只要他们知道信，也不会拉下，特别是救过他们的命，有过恩情的人，更是如此。

2. 绺刑

① 枪毙。这是最常用的一种刑罚手段。在枪毙前，要历数该罪犯的罪恶，然后拖到低洼处，让罪犯冲着枪口跪下，开枪。他们从来不从背后打，这叫“不开黑枪”。枪毙最多的，要数“压花窑”的土匪。强奸女人，一般要“点”。平时“压”到哪家，都不能随便见人家女人，如要补袜子，则把袜子交给粮台，粮台去找人家当家的，通过人家当家的手交给人家女人。在匪帮中，即使当大掌柜的，也不能娶媳妇成家，否则涣散军心。如匪首大来好，平时帽子上总戴一朵花，但是，他自己对弟兄们说：“我头戴花，不采花，人生一世名为大，浑身上下没臭味，一心一意打天下。”如若成家，必处以枪刑。如，1934 年盘石土匪殿臣攻打岔路河前发话：“拿下岔路河，我都叫你们安家!”当拿下来之后，有“占九”等五六个土匪头子，在当地找了老丈人家，布置了新房，放枪当鞭炮。殿臣一听，问：“和谁响?”“和红姑娘响!”殿臣火了，

说："集合，开会!"下了"占九"等几个结婚人的枪，毙了他们。

② 活埋。"压"在某一个地方，时间比较充裕时使用。

③ 背毛。用绳子套住罪犯脖子，然后用擀面杖在脖子后一点点上劲，直至勒死。

③ 挂甲。在冬天，把罪犯衣服脱光，绑在树上，泼上凉水，一夜便被冻成雪白的冰条。

④ 穿花。在秋夏之季，把人脱光衣服，绑在树上，被山上成群的蚊子、小咬、瞎虻糊在身上，一宿间就吸干人血。往往用这种刑罚处治抓来又逃走的人。

⑤ 看天。也叫"看山"，把一棵青干柳小树，一头削尖，插入罪犯屁眼内，然后一松手，人被挑到天空。往往用以处罚叛变、告密者。

⑥ 活脱衣。用剥牛皮的办法扒下活人的皮。先把牛绑在树上，用快刀子在牛膝以上挑开划线直通牛肚子下边，然后放开拴牛的绳子，再用铁钩子钩住牛脖子以后的皮，接着用棒子狠打牛屁股。牛负痛猛向前一窜，皮豁然剥落。

此外，还有马拖、火烧、刀割诸多刑罚。

## 六、江湖语言

江湖语言，有许多种叫法，如：隐语、市语、行话、切口、杂话、俏话、锦语、春点（春典）、哑谜、黑话、秘密语，曲彦斌《中国民间隐语行话》定义为“是某些社会集团或群体出于维护内部利益、协调内部人际关系的需要，而创制、使用的一种用于内部言语交际的，以遁辞隐义、谲譬指事为特征的封闭性或半封闭性的符号体系”。陈原《社会语言学》中解释说，是“特定的社会集团所制定的符号，往往不是语言文字，而是一些记号、信号或者隐语。这些特约符号是为这个集团的成员之间特殊交际活动所使用的，带有一定的秘密性，大都是这个集团以外的人所不能理解的”。

从这些定义和解释中，我们可以看出，江湖语言有以下几个鲜明的特点：第一，从使用对象和使用范围来看，它是江湖上各行业、各集团内部成员使用的，具有封闭性特点；第二，从使用目的来看，它是为维护本行业、本集团利益而创造的，不为外人所知道的，具有秘密性特点；第三，从语言的性质看，它是一个用以交际的符号体系，它以汉语言为基础，遁辞隐义，谲譬指事，是汉语言的一种变体形式；第四，从语言符号的构成要素看，它既有语言构成要素，如隐语、隐字，又有非语言构成要素，如行为语言等。

## （一）隐语

隐语是江湖语言的第一的和主要的构成要素，它以汉语言的词、短语为基础，通过取形（如脸—盘儿）、譬喻（笑话—包袱）、引申（打—鞭）、借代（大官—海翅子）、象征（好朋友—对红心）、美称（强奸—采花）、歇后（王—虎头）、反切（孔—窟窿）、谐音（刘—顺水万）、析字（出—山上有山）、（李—十八子）等修辞手段，以及故弄玄虚（洋钱—色唐拘迷杵）、戏谑（傻气—宝气）等语气，改变说法，转为隐语。

隐语按其使用范围可分为两类，一类是江湖人通用的“春点”，一类是各秘密集团独有的“切口”，前者属于半封闭性质的语言，有些甚至被全民通用语所吸收，而后者则是全封闭性质的，为其他集团所不知的。

1．江湖人的“春点”

“春点”（春典），是江湖人的通用语言，它主要是江湖上各行各业的术语。“宁给一锭金，不给一句春”，“春点”只允许江湖人知道，平素不可乱说，总计不下四五万字，现列举如下：

男子—孙氏　媳妇—果氏　父亲—老戗　母亲—磨头　哥哥—上排琴　弟弟—下排琴　兄弟—排琴　老太太—苍果　大姑娘—尖子　小男孩—怎科子　外国人—色唐点　乡下人—科郎码　当兵的—海冷　做官的—冷子点　江湖人—吃搁念的　外行人—空子　内行人—相家　有钱人—火点　穷人—水码子　妓女—库果　野妓—嘴子　妓院—库果窑儿　良家女子—子孙窑儿　男仆—展点　女仆—展果　和尚—治把　道人—化把　尼姑—念把　真和尚—尖局治把　假和尚—里腥治把　好人—忠样点　乞丐—靠扇的　门卫—坎子　荡妇—玩嫖客串子的　商人—贸易点　侦探—鹰爪　小偷—老荣　首创之人—开荒人　扎手之人—不是个正点　受尊重的人—是份腿儿　没心眼的人—念攒子　有能力的人—大将　疯子—丢了点　瞎子—念招点　麻子—麻花盘　好色之徒

—臭子点　明白江湖事理—攒儿亮　对事理一知半解—半开眼　跑的地方多—腿长　识时务—簧点清　长相俊—盘儿撮　长相丑—盘儿念撮　长得美—真是撮啃　长得丑—真是念啃　穿得阔—挂洒火　穿得破—挂洒水　年岁高—太岁海了　岁数小—太岁减着　牙—柴　脚—曲勒　眼睛—招路　头发—苗西　胡须—栅栏　脸—盘儿　帽子—顶笼　大褂—通天洒　裤子—登空子　鞋子—踢土儿　袜子—熏筒儿　衣裳—挂洒　酒—山　茶—牙淋　水—龙宫　肉—错齿子　房—塌笼　店—窑　话—钢口　笔—戳子　刀—青子　药—汉壶　马—风子　牛—岔子　驴—金扶柳　乌龟—悬点　火枪—喷子　长矛—花条子　大道—梁子　凳子—乍角子　广告—幌幌　钟表—转机子　门生帖—把字儿　茶馆—牙淋窑　饭馆—啃吃窑　天—顶　地—躺　东—倒　西—切　南—阳　北—窑　东方—倒埝　西方—切埝　刮风—摆丢了　下雨—摆金　下雪—摆银　阴天—插棚儿　打雷—鞭轰儿　黑夜—浑天　白天—青天　江湖人—老河（或“老海”）说书的—团柴　拉洋片的—光子　保镖的—拉挂子　卖牙疼药的—挑柴吊汉的　做广告的—撒幅子的　卖假兽骨的—挑老烤的　唱戏为名卖药的—挑柳驼的　算卦的—做金点的　相面的—戗

盘的　点痣的—戳黑的了　行骗集团—雁尾子　理发的—扫苗的　卖肥皂的—挑水滚子的　修脚的—撇年子的　抽签赌博的—晃晃的　姓名—万儿　李——脚门万　石—山根万　白—雪花万　冯—补丁万　杨—咪咪万（或“犀角灵万”）一—柳　二—月　三—汪　四—载　五—中　六—申　七—行　八—掌　九—爱　十—句　钱—杵头儿　银子—枸迷杵　分别人的钱花—摽杵子　主顾第二次给钱—二道杵　主顾最后一次给钱—绝后杵　门票钱—迎门杵　没完没了地要钱—逼杵　观众向场内抛钱—抛杵生意人分钱—均杵　主顾向回要钱—倒杵　向主顾要钱—托杵　银钱多—杵头海　主顾多给钱—疙疸杵儿　挣洋人的钱—色唐杵儿　花冤枉钱—抛空杵　收钱人偷钱—捂杵　当场拆同行人的台—刨杵　使被骗者分文不剩—挖绝后杵　挣钱的方法好—杵门子硬　不会挣钱—杵门子软　被骗者往回要钱—倒栏头子　挣了大钱—火穴大转　说大价—海开　本钱—笨头儿　阔生意—火做　穷生意—水做　压压价—砸砸浆　买卖有人照顾—不土　愿出钱的客人—点儿　看出人的穷富身份—把点儿　硬拉拢顾客—叫点儿　有钱的顾客—火点　穷顾客—水点　回头客—回头点　走—扯　笑—裂瓢儿　哭—抛苏　打—鞭　骂—钻钢

杀—青　买—肘　卖—挑　唱—柳　偷—荣　骑马—跨着风子　骑驴—逼金扶柳　套车—扯轮子　叫嚷—升点　打听—耳目　答话—答钢　叩头—叩瓢儿　拔牙—搬柴　挨揍—折鞭　狠揍—秋鞭　训磨—夹磨　敲诈—挖　写字—戳朵儿　理发—扫苗　借债—展杵头儿　赌钱—控銮　起誓—劈雷子　放枪—喷子升点儿　买酒—肘山　喝酒—抿山　喝醉—串山　烧酒—火山　喝茶—啃个牙淋　吃饭—安根　挨饿—念肯　拉屎—抛山　死了—土了点啦　生病—黏啃　病愈—抹作　不愈—抹不作　害怕—攒稀　醒悟—醒攒儿　疼痛—吊梭　恼恨—吾攻　上当—受腥了　见面—碰盘　逃跑—扯活　翻脸—鼓了盘儿　丢脸—抹盘　放火—窜轰子　坐车—迫轮子　抽旱烟—抿草山沟　吸鸦片—控海　敲诈人—挖个点儿　赶庙会—顶神凑子　讨人嫌—郎不正　打官司—朝翅子　无钱花—念了杵　见人要钱—逼柳琴　沿门乞讨—化锅　官府取缔—卯喽　军警轰人—淤喽　不受敲诈—挖不下来　做亏心事—伤攒子　叫人害怕—顶了瓜　叫人佩服—响儿　见事则迷—簧点不清　假装着急—发托卖相

江湖人懂得“春点”，用处很多。一是对做生意有好处。有些江湖人在大众面前帮助江湖人，一般用“春点”提示，如一江湖郎中到一户人家看病，知道病因的其他江湖人就可以在一旁用“春点”提示：“果食点，儿是攒儿吊的黏啃。”那么这个郎中不用号脉就知道了这家妇女患的是心口疼痛。再如，一江湖术士给人算卦，熟识的同行便会帮忙，介绍问卜者情况，说：“火点，空子，念攒子，老戗是海翅，杵头海，海挖。”也就是告诉算卦术士，这人有钱，是个外行，没啥心眼，父亲当大官，钱多，要狠狠地赚他一笔。二是行走江湖安全，可以化险为夷。例如，土匪就不打懂行的，说两句江湖话，他们就把你看成是“里码人”（内行），不难为你：“报报迎头?”（字号），或问：“报报万?”，你要报“尖子万”（姓丁），就能和他们递上话，你若说“姓丁”，就递不上话。再如看家护院的，夜晚遇着盗贼，可说“春点”：“塌笼上的朋友，不必风吹草动的，有支杆挂子在窑，只可远求，不可近取。”让盗贼到别处去。如果盗贼知趣而去，就再说：“朋友顺风而去，咱们浑天不见，青天见，牙淋窑啃吃窑再碰盘。”次日请盗贼吃喝；如果盗贼不走，便再请他到屋里喝茶见面，“塌笼内啃个牙淋，碰碰盘”，盗贼有时大胆问：“我支的什么杆?你靠的什么山?”，护院的便答：“我支的是祖师爷的那杆杆，我靠的是朋友义气重如金山，到了啃吃窑我们搬山，不讲义气上梁山。”盗贼若还不离开，便再说：“朋友，祖师爷留的一碗饭，你天下都吃遍，把这个站脚之地，让给师弟吧。”若盗贼仍不离开，这时便可以来点硬话：“朋友，既有支杆的在此靠山，你就该重义气，远方去求，你若要在这里取，你可就是不仁，我也就不义了。你要不扯，鼓了盘儿，寸步难行。倒埝有青龙，切埝有猛虎，阳埝有高山，密埝有大水。你若飞汽子（箭），飞青子，飞片子（屋瓦），我的青子青着，花条子滑上（扎），亦是吊梭（疼痛）。”这时盗贼决意不走，就需再进一步威胁：“朋友，这窑里有支杆的，四面也都是相家之地，我若敲锣为令，四埝的师傅们一齐挡风，你就扯不了。若朝了翅子，都抹盘。”说到这份上，盗贼只好溜走。

江湖人称使用“春点”为“团春”，使用的目的就是为了挣钱吃饭。如果不是出于这个目的，都厌恶“团春”。但有些新入道的江湖人，学几句“春点”，就不分场合使用，往往引起人们的误解，以为是贼。江湖中流传着这样一个故事：有两个生意人，一个算卦，一个卖药，住进某店。晚饭后，算卦者到后院解手，撒完了尿，抬头看天，乌云密布，回屋对卖药者说：“渣了棚儿啦，要摆金吧?”于是二人便用“春点”交谈，不料被不懂“春点”的伙计听见了，以为二人是小偷。

正巧这晚店里被盗走了一头驴，伙计便告诉掌柜的，是住六号的算卦者和卖药者偷的，因为他听到他们在一起讲贼话。后告到县官那里，问明原委，责打二人六十、七十大板，并告诉二人：“我不管你是金，也不管你是皮，绝不该当着空子乱团春，一个打你申句，一个打你行句。如若不是冷子（县官自称）攒儿亮，把你月顶码儿（两个人），还得鞭个申行掌爱句（六七八九十大板），梁上去找金扶柳，扯活了吧!”县官又怕伙计掌柜二人不懂，又改为平时话，对卖药者和算卦者说：“你们二人，赶快到大道上追贼，把驴给人家找回来。”二人叩头下堂，匆匆而逃，从此再也不敢乱“团春”了。

2. 江湖组织的“切口”

“切口”，即黑话，它只流行于本组织内部，都与本组织的内幕有直接关系，一旦公开，自己就完蛋了，因此，我们说，“切口”是各个江湖组织保护自己和发展自己的手段之一，它可以用来区别组织内和组织外的人，也可以用来进行内部会员之间的联络。各组织常用黑话举例如下：

① 武林黑话。护院的—支挂子　保镖的—拉挂子　教场子的—戳挂子　拉场卖艺的—点挂子　真功夫者—尖挂子　花拳绣腿者—里腥挂子　非偷盗者—明挂子　盗贼—暗挂子

投石问路—升点　贼头—瓢把子　招徕看客—诈黏子、圆黏儿　转换话题—翻天印　使骗人的花招—使样色　发票—倒插幅子

② 皮门黑话。师傅—老帅　使假虎骨变得像真虎骨的方法—攥弄里腥肯　假医生—掌穴的　假医生助手—展点　吵架—出鼓　打针的—插末　卖假虎骨的—老烤　打胎的—做变绝点儿　搭班—联穴　在外面为病人指路者—把二门的　卖假药时假装识货的行家骗人买药者—扒包的　假装买药并叫好的—敲托的　忠实朴实的有钱人—正点　使病人绝了纠缠的念头—送点　行医挣钱—治杵　大夫到病人家—入嘿　制造药品—般弄啃　得了重病—黏啃押头　求药—求汉儿　随病人取钱—坠票

③ 采门黑话。空中飞人—飞吊子　变仙人摘豆—苗子　露了馅—泡活　看看毛病在哪里—把合把合门子　骗人露馅打官司—出鼓

④ 评门黑话。《施公案》—丑官儿　《包公案》—大黑脸　《三国志》—汪册子　《西游记》—钻天儿　《济公传》—串花　票友—清客串　下流笑话—臭包袱　名声好—万儿正　口齿不清—浑碟子　听书上瘾—入扣　拉场子—拉顺　学

新书—蹚万儿　通俗易懂—皮薄　听众散了—起棚　散伙—劈穴　拜师—爬萨　谢师—入摆知　请安施礼—拿腿儿　夺人饭碗—端锅

⑤ 金门黑话。挣不到钱—空金点　相书—尖册子　不顾羞耻只顾挣钱—真念嘬　真懂相术—攥尖字写得好—朵儿清　相面兼卖药—枪里加鞭　能八面应酬—小花腔

⑥ 青红帮黑话。徒弟—弟老　拜师—孝祖　平辈—老大　上下辈—爷们　晚辈—小爷们　聚众打架—大锅饭　反对前辈收人—顶炉子　赌博之类—文生意　抢劫之类—武生意　审问—闲话　杀死—放掉被捉—被摘　抢劫—采荷　分赃—开花　被捕—失风　吸大烟—受熏　刀子—片子　官兵—蛤蜢　现银—活龙　银元—饼子　妓院—跳窑　杀头—望城圈　衙门—威武窑子。

⑦ 香港黑社会黑话。鞋—踩街　内裤—底横　手表—蛋　枪—狗　电话—轮　灯—孔明　鱼—摆尾　吸白粉—啤灰　吃药—耕罕　黑社会人物—羊牯　女朋友—条女　男朋友—条仔　父亲—天牌　母亲—地牌　出卖色相女子—斜牌　外国人—灰斗　警探—车　被骗对象—大爷　流血—瀑江　坐牢—受把　打架—开片　看—超　一万元——盘、一坟

打劫—老笠

⑧ 土匪黑话。被绑对象—财神爷　被对方打死—扔下　冲杀—压　逃跑—滑　撤退—顺水　睡觉—搪桥　吃饭—啃富　放哨—瞭水　有交情—碰　无交情—顶　官兵—水　打仗—开克　狗—皮子　放火—放亮子　日头—楼子　阴天—插蓬　解散—越边　黑天—马刺　山—梗子　匪号—山头　信件—黑页　银元—老头　奸细—眼线　绳子—捆龙　骗—烫

⑨ 袍哥黑话。酒—揪头子　吃饭—造粉子　报仇—拿梁子　私吞财物—打背手　裤子—三只眼　后母—黑心符　剜眼—吹灯笼　喝茶—皮包水　不土不洋—十三点　女人陪吸鸦片—吸荤烟　女性—财士呆瓜、外行—洋盘　耳朵—顺风　不正当男女关系—皮绊　短时间玩弄妓女—关门　妓女营业之地—台基　叛变—反水　不讲信用—掉底　开玩笑—半灯　内部处死同党—毛了　开除出会—搁皮　讥笑人—彩　叫人难堪—方　烧物—烟

⑩ 小偷黑话。分散注意力—上托　接过传递的赃物—得道　被捕—掉脚、栽了、折了　进狱—进宫　便衣警察—老便、雷子、老柴　偷公家—吃奶　偷私人—慰问　偷窃—借

钱　偷—捡　偷随身携带钱物—洗衣服　晚上行窃—上夜班　千—槽　万—坎、方百—杆　鸦片—阿猫

⑪乞丐黑话。敲门讨要—拍扇子　男人—盍码　妇女—利市　小男孩—减肚子　衣服—虱儿　旅店—窑基　身材—条子　哭泣—抛苏　生病—钻科　钱—拦、皮　姑娘—花花　住处—抄口　死—典　山村—架子上的　船户—瓢子上的　姘妇—拌簧果

## （二）隐字

隐字，是一种类文字符号，秘密组织用它作为组织内部的秘密交际方式，具有隐语的功能。常用的隐字形式如下：

1. 编创字符

① 将几个字合为一字。如咸丰九年哥老会李蓝起义，以所标榜的“忠心义气”，组合成一个字：[illegible]；“反清复明”组成二字：[illegible]、[illegible]。再如洪门其他合体字：共同和合——[illegible]；一片丹心——[illegible]。

② 用怪字代替常用字。如：天地会——[illegible][illegible][illegible]；

满——[illegible]；明——汩。

③ 笔画省略、伸缩或去偏旁。如：富贵无边——冨；文

章通天——**章**；顺天行道—川大丁首

2. 以图代字

民间传说，船夫捎的家书，上有八只八哥和四只斑鸠，托人连100元钱捎回家，可捎信人只给他妻子50元。他妻子看完信后说：“你还得给我50元。八只八哥，八八六十四；四只斑鸠，四九三十六。合起来正好100。”民间“喜鹊登枝”、“马上封侯”等吉语，都是通过鹊登梅枝、马背上骑猴等图案表示出来的，与船夫的家书异曲同工。

3. 倒字

把字倒过来，使字与“倒”的动作合成隐义。如：某匪徒内部反叛时，反叛成员都传一“戈”字，隐“倒戈”之义；再如民间春节贴“福”，常常倒贴，讨“福到了”口彩。

4. 分字歌谣

把一个合起来的字，分为几句歌谣说出。如四川城乡旧时广为流传的一首歌谣，就是相互联络时所用的一个隐字：“一点一横长，二字口言旁；丝绕对丝绕，长对长，中间一个马儿郎；心在底，月在旁，留个勾勾照月亮。”笔者童年时在家乡沂蒙山区，见也有一条类似字谜的俗谣，是其他秘密集团的隐语，还是洪门隐语的变种，弄不清楚，特记于下：“左边绞，右边绞，当央里一个言大嫂；左边长，右边长，当央里一个马大娘；心字底，月字旁，一枪挑了山顶上，掉下来跌成四个水铃铛。”

5. 谣诀隐字（嵌字）

取谣诀中的一部分字合成一个隐语。如《水浒传》第六十回“卢俊义反”，就嵌在四句诗的句首：“芦花滩上有扁舟，俊杰黄昏独自游。义到尽头原是命，反躬逃难必无忧。”再如《拜天地会歌》和《顺天行道歌》：“拜请五祖奉我君，天降真龙我主人，地产洪儿兄弟众，会聚洪英去灭清”、“顺兴和睦孝双亲，天理无私本姓人，行过两京通各省，道排兵将两边分。”也把“拜天地会”和“顺天行道”藏字诗句之首。

⑥ 字谜。如：“金蘭結義”——人王脚下两堂瓜，东门头上草生花，丝线穿针十一口，羊羔美酒是我家。

## （三）行为隐语

江湖秘密组织创造了大量的行为语言，作为一种暗号，用以区分和联络同党，属于行为或动作隐语。它可以分为体态隐语和实物隐语两个类型。前者主要凭手势、姿态等人体动作表达语义，后者主要以实物等标记表达语义。

1. 天地会行为隐语

天地会最早使用的手势语是“三指诀”：相约见人伸三指。后随着统治阶级对其镇压的加剧，除“手不离三”外，又在出门衣着、纽扣、发辫的盘法等上面设置暗语，如：出门时解开胸前上面两个纽扣，将衣角折入，或将衣袖挽起一只；发辫系两线，辫结一圈，头目圈正额，司事圈脑后，先入会者圈左耳，后入会者圈右耳。再如，向人倒茶，如果接茶人以右手拇指置茶杯边，食指置茶杯底，向倒茶人相迎，而以左手成三把半香形，直伸三指尖附茶杯或向下附于右手，由拇指上面起，至臂膊的任何一部，便知其为自己人，并知其在洪门的地位。

除了接茶的手势作为暗号外，还有以茶碗、茶壶排列的不同方式来表示一定意思的交接办法，这就是“茶碗阵”。“茶碗阵”分为布阵与破阵，甲与乙在茶馆相会时，甲布一阵，令乙破之，能破者为好汉，不能破者为怯弱。阵的名目很多，有单鞭阵、斗争阵、桃园阵、一龙阵、双龙阵、龙宫阵、生克阵、六国阵、宝剑阵、梅花阵、顺逆阵、梁山阵、品字阵、刘秀过关阵、赵云加盟阵、孔明上台令诸将阵、关公护送二嫂阵、五虎将军阵、七神女降下阵，等等。

2. 哥老会行为隐语

哥老会除继承天地会的手势、茶碗阵，以及拉拐子礼、挂牌等（前面均有介绍）以外，在路上行走，可用随身携带的实物来表示。如：身上携有雨伞，上午则把伞钩挂左肩，下午挂在右肩；有时也用石头或手巾在路上摆成阵图，如将石头在大路当中摆成∴，自己坐在隐蔽处窥探，若是帮内人，就会把它搬成∵，边搬边念："一见宝物在路中，请在此处访英雄，前有桃园三结义，后有看拜赵子龙。"摆阵人一听，便知是帮中人来，即上前相会。

四川袍哥还有一种叫"鸡毛火炭片子"的实物隐语。袍哥遇难，到外码头避难，有时持"无字白片"，并在右上角或右下角用香烧一个洞，插上一匹雄鸡毛，就成了"鸡毛火炭片子"。任何一个袍哥公口凡遇上这一类人，都要立即给路费，并派人执公片护送到下一个码头，交涉清楚。否则，在哪个码头上遇害，哪个码头就成了"卖客"，遭到袍界痛斥和制裁。

3. 青帮行为隐语

一个青帮成员，到外码访师寻友，初到生地，不知找谁联系，就到青帮设在茶馆酒店的联络站"挂牌"。入座后，招呼堂倌泡盖碗茶，堂倌也注意来客的举动，看是不是自己人，就送上盖茶碗。客人如果立即将盖取下，放在茶碗左首，盖顶朝上，盖底朝下，这时堂倌就会送来一双筷子，竖放在茶碗右边，客人应立即把筷子横放在茶碗前面。这就是“挂牌”，然后堂倌过来，就会打招呼盘底，以便招待。

即使在平时，青帮对会员也有标志性质的行为要求：进门先迈左腿；洗脸时将毛巾折成三叠，由上到下先擦左脸，再中间，最后擦右脸，不能横擦，表示不横行霸道；衣服领口只能内卷，不能外翻；脱帽时仰放在桌上，表示水中行船；接受别人赠物用左手，屈着无名指和小指，只用其余三个指头接，如用右手，则必须屈食指，表示“不忘三老四少”。

4. 土匪行为隐语

土匪有很多手语，如见大掌柜的，来客要伸直左手中指、无名指和小指向身一方，意思是我是那里的代表，来商量重要事情，于是大掌柜伸直右手掌中指、小指，掌心向身，意思是我是大掌柜的，有话就说吧。

5. 香港黑社会行为隐语

经大哥正式收录的黑社会成员，初来时首先要学的是一些普通问答的手势，称为“过嘢”，包括“宝”“印”手势和

“过五关”手势。

① 宝、印。宝，就是以左手握拳，单独竖起中指；印，就是以右手的拇指、食指及无名指并在一起。通常是先左后右，先宝后印。当被别人盘问到一定程度时，就要“交宝交印”，并诵以宝诀和印诀：“一湾过了又一湾，我家原在五指山，一心找寻姑嫂庙，左右排来第三间”、“若问印头头二四，排成三角定佳期，结义金兰为表记，同心合力主登基。”

② “过五关”。黑社会人物互相盘问完“宝”、“印”，一般就此罢休，但也有再询问“过五关”的。所谓“过五关”，就是以右手由肩至掌，分为五个部分及五个名称，被盘问者过五关时，需以左手拇指、食指作圈状，其余三指伸直，这就叫“三把半香”，然后将左手搭于右手指定的各部分，由上而下，念出名称。

## 七、江湖方术

江湖方术，主要指江湖术士所操的各种“神术”，如风水堪舆、占卜术、相术、炼丹术。过去，科学技术不发达，人们对世界的认识能力有很大的局限性，因而各种宗教信仰和由此而来的形形色色的神秘的方术遂大行其道，因此，造就了一些江湖中的奇士高人，他们以各自神秘兮兮的方术为上至帝王，下至百姓“服务”，并且为他们所依赖，所敬仰，成了“半神”、“半仙”；时至今日，这类人仍有相当大的市场。

江湖方术的门类繁多，包括天文、占候、星占、医学、巫医、神仙术、相术、占卜、命相、遁甲、堪舆之流，它们各自都有一套独特的理论体系，都罩着一层迷惑人的神奇的光晕。它们有的以长生不老、羽化飞仙作为“来世”的诱饵，大受帝王将相、王公贵族这一阶层青睐；有的则为平民阶层的人士预测未来的吉凶祸福，或用来避凶就吉，消祸求福，服务于人们今生今世的社会。下面我们就其中主要的四种门类作简要介绍。

## （一）风水堪舆

风水，指住宅基地、坟地等的地理形势，它还有一个很雅的名字，叫“堪舆”。“堪”指地面隆起的地方，“舆”指地面凹下的地方，“堪舆”，就是指相度地形地势、为阳宅（住处）和阴宅（坟地）找到最佳场所的一种学问。因此，人们又把那些手持罗盘、指南针等物什走街串户的风水先生称之为“堪舆家”。

风水之术在我国历史悠久。考古发现，山顶洞人居住的“村落”中，这些早期的“野蛮人”已经很关心死者的葬身之地。风水最早的文字记载，则见于《尚书·召诰序》：周成王想把首都迁到洛邑，就曾指使手下大臣召公去察看那里的风水。风水之术在漫长的发展历程中形成了一套系统的理论体系和具体的操作技巧，了解了这些，就能揭开它神秘的面纱。

1．风水理论体系

风水的理论基础来源于古人对世界的认识，即阴阳学说。

古人认为，阴阳二气是产生万物的基础，阴与阳两种力量在不断地消长变化，阳多则阴少，阴多则阳少，但从根本上说，阴阳基本平衡，则为万物存在的最佳状态。风水理论认为，各种复杂的地形，都蕴藏着阳和阴两种生气，表面上看来，那些山脉、丘陵、高原、平地、河流都是静止不动的物体，而实际上，它们暗中都奔腾着生生不息的生命之流——阴阳之气；风水先生便能通过各种复杂的山川形势，考察出哪些地势易于藏风纳气，因而生命力超乎寻常的旺盛，而哪些地势为穷山恶水，生命之气一到这里便发散得无影无踪，因而这些地方生机凋零。此外，风水之术还认为，山、川、平原、道路等的结构与组合，是一种综合的力量，孤立地看待一座山，而忽视这座山在其综合力量体系中与其他各要素的相互联系，也得不出比较接近“事实”的结论。例如，某山威武雄壮，藏纳充足，而缺少适当水道，仍不算作好山。

2. 堪舆技巧

堪舆步骤可分为四个：觅龙、察砂、观水、点穴。

① 觅龙。“龙”，就是山脉，用龙喻山脉，是因为龙的蜿蜒曲折、体态变化多端很像山脉的生气及行度，起伏跌宕，峰回路转。觅龙，就是寻找山的真脉，即山川的生气所在。

清代名家孟浩《辨论篇》中说：“真龙落脉，必顿成星体，开面展肩，挺胸突背，有大势降下，如妇人生产努力向前，但对面正看，不见其形，左右睨视，方见其势。”这就是说，对山川形势的勘察，涉及山脉、水流和林木位置、走向，故所选之地，总是烟霞腾绕、植被葱绿、流泉甘凛、土腻石润。

② 察砂。觅到真龙后，还要进一步考察“龙”的环境因素，这叫“察砂”。“砂”，就是主山（龙）旁边的小山。只有各种“砂”对主山形成斗拱星卫之势，才能使主山聚纳生气。“砂”型有四种：侍砂、卫砂、迎砂、朝砂。侍砂，指居于主山两边像天鹅一样玉立的小山或土丘，它对主山起着侍卫的作用，遮掩朝主山吹来的各种恶风邪气；卫砂，相当于主山的贴身侍卫，离主山最近；迎砂，位于主山的后面，起环绕主山的作用；朝砂，则位于主山之前，比主山低一截，像对主山俯首称臣的样子。风水家认为，主山只有在群山的前呼后拥和共同拱卫下，才能将生命之气聚于一身，外来的邪恶之气也就侵害不到主脉。如果找不到侍、卫、朝、迎众砂俱全的主山，只要有龙、虎二砂拱卫主山，为其挡风、收气，也算是块不错的风水宝地。

③ 观水。就是寻找水口。水口是地势的最低点，由于低，

故而各方流水都聚集于此处。在山区，水口通常位于山口；在平原，水口就是河口。找到了水口，又有真龙众砂，必为风水宝地。水口实际上成了风水先生判断穷山、好山的一条主要标准。找到了水口之后，还要寻找“明堂”，就是寻找离主山和龙虎二砂最近的水洼。明堂有大中小之分：小明堂是位于主山最外围的“蝉翼砂”周围的水洼，它若有若无地将主山包住，而其他周围的各种水系都在其附近汇合，主山有了小明堂，才算是“真穴”；中明堂是龙、虎二砂周围的水系所集的较低水洼，如果没有中明堂，龙、虎二砂就无法为主山聚气、挡风；大明堂又叫“外洋明堂”，是从主山周围发出的各种水流的总汇之处。只有三水、三堂齐备，主山及群砂才能共同构成风水宝地。

④ 点穴。就是找出吉穴，将地中的生气与人体之气贯通起来，从而“借气生气”。穴点不好，风水宝地等于闲地。所谓“穴”，指的是风水宝地的关键位置，是宇宙生机的关窍，据说此窍中蕴含着天地之机，故又称之为“生死之窍”。据说，这个神秘之穴圆不圆、方不方、扁不扁、长不长、短不短、阔不阔、尖不尖、秃不秃，似有似无，但圈内微凹，似水非水，圈外微起，似砂非砂。上穴形如新生婴儿头颅，脑门

尚未充实丰满，一眼就能望见头中的窝，所以又叫“山顶穴”；中穴如人体的肚脐，下穴则如人体的阴囊。如果找到了这些吉穴，为我所用，就能沟通天、人的生命之源。与“吉穴”相对，风水家又创造出“凶穴”这一概念。凶穴有四：一是不畜之穴，山不包藏；二是不及之穴，山无朝对；三是腾漏之穴，山砂有缺；四是背囚之穴，幽阴不明。

3. 阳宅风水

阳宅风水是利用风水理论对住宅建筑及室内装饰进行指导的各种讲究、学问。风水先生在设计阳宅时重点考虑以下八个方面的内容：第一，建于高处，面朝缓慢流淌的小河或平静安详的湖水，可以广泛接纳天地间的正气；第二，面南而居，屋前平坦空旷，可回避恶风，广采阳光；第三，建筑忌朝东北方向，东北黄沙恶风对居家不利；第四，建筑群的整体布局前低后高，前有溪谷、大海或低地，后靠大山、丘陵、高地，前面开阔，容易接纳天地秀气，后面有倚，容易聚结生气，也可用制作假山、人工湖之类人为创造前后环境；第五，地表清爽，便于排水；第六，建筑群附近应栽树木，可消除嘈杂之音，使宇宙之气得以保护，但不可种植太密，否则不利采光和生气流动；第七，住房忌面对大道口，以避开大道上煞气的侵扰；第八，T 型、Y 型道路的交叉点，也是路上煞气盛区，忌房子面对而建。

此外，就建宅院本身而言，要忌“五虚”：一是宅大人少，二是门大房小，三是院墙不完整，四是井灶失位，五是屋少而庭院广。

再就是对居室生气的定位。风水家认为，每个空间都有特殊的气场，卧室、起居室、书房、浴室、饭厅等的布置，应以最大限度地利用生气为标准。例如，生气的位置不能建厕所，床的位置应放在生气的位置上，床不能面对镜子，家具不能摆放成“弓”形，书桌以矩形为佳，浴室要远离卧室、厨房等。

4. 阴宅风水

风水先生一贯重视阴宅，以为祖先葬在风水宝地上，后代就会建功封侯。现在的十三陵、宋陵从风水学的角度看，都是不错的宝地，但甲子年年转，生气场六十年一移，万世不变的宝地是没有的。按阴宅的理论讲，父母与子女之间有着一种很微妙的感应关系，因此，如果将父母的骸骨葬于风水宝地，子孙就能承受荫福，这就如同种树，根植于肥沃土壤中，又得以合适的水源，加之充足的阳光，枝叶就自然繁茂。据说，祖坟上冒烟，便是其子孙发达的征兆。

古代以“十二杖法”寻找全气的“止处”：一杖为“顺杖”，在主山峻挺高耸、落脉逶迤而下的地方顺接来脉、正面点穴；二杖为“逆杖”，在祖山雄伟壮大而主山却平淡无奇的情况下，逆接来脉，背向受穴；三杖为“缩杖”，在四周山势比主山挺拔、龙脉不太强硬的情况下，增加主山的气势，缩脉受穴；四杖为“缀杖”，山形陡峭、落脉强健的情况下，将穴与脉相连接；五杖为“开仗”，山脉气势直冲时，应避开势头，在两侧点穴；六杖为“穿杖”，龙脉从旁而来时，在其腰部点穴；七杖为“离杖”，在龙脉跌断、龙虎二砂远离主山的情况下，离开龙脉一段距离选择穴位。还有“没仗”、“截杖”、“犯杖”、“顿仗”等几种方法。也都是在针对具体情况，而使“千里来龙，五尺入手”。

## （二）相术

相术是根据人的形体骨骸来了解命运的一种方法，有面相、手相、骨相等多种类型。《左传》中就多次提到过相面术，以此方式来断定所生之子是否能留下，若形似熊虎，声像豺狼，便是忘恩负义、六亲不认之徒，不如早早弄死。更早的《诗经》里，也记载过周的祖先生下时为一怪胎，父母便将其抛至道旁冰河上。《汉杂事秘辛》中则以相术选妃嫔："芳气喷袭，肌理腻洁，拊不留手；规前方后，筑脂刻玉；胸乳菽发，脐容半寸许珠，私处坟起；为展两股，阴沟渥丹，火齐欲吐，此守礼谨严处女也。约略莹体，血足荣肤，肤足饰肉，肉足冒骨；骨长短合度，自颠至底，长七尺一寸，肩广一尺六寸，臀视肩广减三寸，自肩至指，长各二尺七寸，指去掌四寸，肖十竹萌削也，髀至足长三尺二寸，跬跗半妍，底平，指敛约。"乱世之时，则靠相术识别"真龙天子"和"封侯之相"以及具有"反骨"的人。在长时间的发展过程中，相术又吸收了传统医学等成分，形成了一套非常系统的方法，流传下了《麻衣相法》、《柳庄相法》、《相理衡真》等一大批相学秘籍，也涌现了姑布子卿、许负、袁天纲、陈抟、袁珙父子等一大批相术家，他们有的断言周亚夫三年封侯、八年入将作相、九年之后终需饿死，有的说襁褓之中的则天"龙睛凤颈，贵人之极也"，有的为朱棣看相，断他为"太平天子"，并且均为事实所证实。直到今天，相术的种种活动，仍在悄悄而行，甚至与现代科技相结合，延续而下。我们将相术的理论、相术方法作简单介绍。

1. 相术理论

相术理论以为，人之生也，受气于水，禀形于火，水为精为志，火为神为心，精合而后神生，神生而后形全，形全而后色具，故形显于外，而神生于心，所以人的形体不仅可以显示其心神，而且可以显示构成其形色心神的阴阳二气的运行状况，以此来断定、预测人的富贵贫贱。因此，人的五官、毛发、斑痣、手足纹路、骨肉等物质的东西，都赋予了人富贵贫贱的命运，也成了相术家破译这些命运密码的依据。首先，他们细致地区分了形体各部位。每个部位，代表了构成人的命运的各个组成要素，如人的面相中，印堂为命宫，鼻为财帛宫，眉为兄弟宫，眼为田宅宫，泪堂为男女宫，地阁为奴仆宫，奸门为妻妾宫，山根为疾厄宫，天仓为迁移宫，中正为官禄宫，仓库为福德宫，二角为父母宫。如果各个部位生得都好，便可以享受一生荣华富贵；否则，只可以享受一部分或一个阶段，甚至根本享受不到一点。其次，他们又主张全面地联系地去考察一个人的形体，包括声色，不只凭某一局部的某种特征妄下断言。如相人以头为主，以眼为先，以鼻为权，以面为衡，一看其行，二看其坐，三看其骨，四看其肉，五看其气，六看其色，七看其形，八看其神，九看其声，十看其性。再次，相术区分了男相女相，以为男女阴阳相左，男要得男相，女要得女形。如果男得女相则不富不贵，女多男少主无寿；如果女得男形则克夫克子，一世孤寒，主寿长。在此基础上，创立了各色各样的相术，如面相、骨相、手相、五形相法、禽兽象征法等。

2. 相法举隅

① 面相。面相以相五官以及头、额、印堂、唇、舌、颧、发等头部部位为主。头为一身之尊，百骸之长，诸阳之会，五行之宗。头凸者高贵，陷者夭寿；右陷者损母，左陷者损父。额为贵贱之府，其额前耸起隆而厚，为富贵之相；左右偏亏则为贱相，主损父母。面以鼻梁高起，地阁丰圆、天庭平阔、对面不见耳，面粗身细为好命，而有鼻纹、面细身粗则中年寿短、一世贫穷。眉主贤愚，以棱高疏淡清秀为上，又具体分二十四种类型，如：交加眉，主贫贱；黄薄眉，主破败客死；八字眉，主孤寿；柳叶眉，主发达；扫帚眉，主福寿；罗汉眉，主子息迟；剑眉，主辅君王；轻清眉，主荣华；一字眉，主寿高、发达早。目以凤目龙睛为上，黄睛赤脉为下，又具体分四十种类型，如：龙眼，主官居极品；龟眼，主有寿；狮眼，主富贵；孔雀眼，主富；凤眼，主聪明；鸡眼，

主信义；鸳鸯眼，主富而且淫；羊眼，主凶恶；鹅眼，主慈善；鸽眼，主贪淫；猫眼，主好闲。鼻为中岳，属土，为一面之表，肺之苗，以准头圆、光润丰起、若悬胆为上，又具体可分二十四种类型，如：龙鼻，主大贵；牛鼻，主大富；狗鼻，主贱；狮鼻，主贫；偏凹鼻，主贫夭；猿鼻，主口食不敷。人中长短可定寿命，广狭可断男女。口为心之外户，以唇红润、方正为上，又具体分十六种类型，如：四字口，主出类拔萃；吹火口，主贫夭；羊口主凶贫；绉纹口，主孤；樱桃口，主富贵；猪口，主终于非命。唇主荣辱，以厚、棱、丹润为上。舌为性命枢机，以端正长大者为上。齿运化万物，以大而密、长而直、多而白者为上。耳主贯脑而通心胸，为心之司，贤之候，以厚坚耸长、轮廓分明、垂珠朝口者为上，又具体分十六种类型，如：金耳，主富贵，但老妻刑子；木耳，主贫，无隔宿需；虎耳，主奸，威严莫犯；大贵垂肩耳，主天下一人，但晚景多凶灾；贫贱开花耳，主卖尽田园。

② 手相。手足为四肢，以象四时，加首，为五体，以象五形，故四时不调，万物缺失，四肢不端，一生困苦；五行不利，万物不生，五体不称，则一世贱穷。手，则主执持取舍，以十指软纤为上。但手相，却主要以相掌纹为主。手相

把掌纹分为七十二种类型，有根据其形状命名的，如金花印纹（主大贵）、兵符纹（主一品贵）、雁阵纹（主将相）、六花纹（主晚大贵）、玉井纹（主佐理朝纲）、川字纹（主长寿）、三峰纹（主富贵）、车轮纹（主大贵）、银河纹（主自立，妨妻克夫）、鸳鸯纹（主贪色多淫）、朱雀纹（主官刑）；有以其性质命名的，如美禄纹（呈一生安乐）、学堂纹（主科甲文章）、福厚纹（主财喜）、小贵纹（主衣食足）、折桂纹（主荣显）、智慧纹（主心慈）、花酒纹（主酒色）、色劳纹（主好欲）、妻妾纹（主淫妻）、劫煞纹（主妨骨肉）。手相以为，手中有纹者，犹木之有理，木之有纹美者为寿材，手之有美纹者自然乃贵质，因此手不能无纹。无纹者，下相；纹粗而浅者，贱相；纹深而细者，乃吉相。它把掌上三纹，分别定为天纹、人纹、地纹，上画为天纹，主贵贱；中画为人纹，主贫富；下画为地纹，主寿夭。三纹莹洁，无破纹者，福禄之相也；纵理多者，性乱而多灾。

③ 禽兽象征法。它根据人的形状来判断其类似哪种禽兽，再依照禽兽的特点为其定吉凶。它采用凤、鹤、鹰、燕、鸽、鹅、孔雀、鸳鸯、鹊、鸡、鸭、雁、鸦、鹳、鹧鸪、鹭鸶等飞禽和龙、狮、虎、象、猴、龟、蛇、马、羊、熊、狗、狐、

猫、蟹、猿、牛、鼠、鹿、鱼、驴等走兽等形状作人的象征，给人的命运作判断。如：鸭形人，身圆、脚短、面小，行步迟缓，口尤宽，一生则先穷后富，有财运；羊形人，头方面长，眼睛黑少白多，肌肤较白，脚短，男可做小官，而女则多淫。

### （三）占卜术

占卜是预测命运的各种方式和手段，在远古，它是作为人与自然、与自身命运抗争的一种形式而存在的。人们以为人的不同命运，似乎都被冥冥之中的一种神秘的力量主宰着，生老病死、富贵贫贱，无法抗拒，但如果找到一条破译命运的密码，就可以进行事先防范，或增强信心。古代有文字记载的甲骨文，就是龟卜的卜辞，后逐渐发明了筮卜、八卦、云占、牛卜、六壬、占梦、鸟卜、田鸡卜、候卜、问仙、问卦、米卜、衣襟卜、扶乩、求签、鸡蛋卜、拆字、鞋卜、金钱卜、虱卜、建除、星占、鬼卜、看香头、站筷子等占卜门类，极大地影响了中国人的文化和心理。下面举“八字算命术”和“钱卜”的例子，看其卜算的一般过程。

① 八字算命术。也叫“批八字”，江湖称“八黑”，是占卜形式中较为复杂的一种，它主要根据问卜者的出生年月日

时推算命运。将其年排成天干、地支，得到两个字，如“辛未”；同样，把月按天干、地支排成两个字，如“乙未”；以下时、日依照此法排下来，例如为“己亥”、“癸酉”。这样，问卜者的出生年月日时就变成了八个字：辛未、乙未、己亥、癸酉，然后再按这八字进行推论；先“立年、月、日、时四柱”，年柱管出生至 16 岁的运气，可反映出祖父母的信息，月柱管 17 至 32 岁的运气，与父母的命运相关，日柱管 32 至 48 岁的运气，且看出妻子的运气信息，时柱管 49 至 66 岁的运气，同时也是子女的命宫；其次要“起六神”，即将天干、地支的各种生克关系结合阴阳理论排成正宫偏宫、正印偏印、正财偏财、比肩劫财、伤宫食神等六种关系，分别象征着人性、吉凶、否泰、穷富、荣衰；再次要“安命宫”；第四是“查神煞”、“定用神”，然后是推大运、流年，测出人生哪段时间走运，哪一段不走运，算出哪一年、多少天能开大运；最后是评判吉凶。

② 钱卜。江湖称“圆头”，其招牌曰“文王神课”，设桌焚香，以铜钱或铜元为卜具，为人卜算流年命运。相传周文王姬昌，就伏羲时所画的三爻八卦，推演为六爻卦，因卜而起课，故名为“文王课”。占卜者焚香祷告，以铜钱三枚，置

入有盖的竹筒内，以敬神的香烟熏之，然后连摇数次，再将铜钱倒出，看钱的铸字面和背面，两背一面者为拆，一背两面者为单，三背者为重，三面者为交，是为一爻，如此六次，即成六爻之卦，以课推断吉凶福祸。

## （四）炼丹术

丹道属于正宗的了证大道，通过修炼精神和肉体，达到死后成仙或肉体成仙，注重的是死后来生的问题，与术之求今生今世之证根本不同。

炼丹有外丹术和内丹术之分。外丹是用炉鼎烧炼铅、汞等矿石药物，或掺杂草木药物而制成的长生不死的丹药，用这种方法可以炼出黄金、白银等丹药，服后便可成仙。传说嫦娥就是因为服食西王母不死之药而奔向月宫的，因此，历代帝王都为追求不老仙药而闹出不少笑剧，甚至因服食而中毒身亡，南北朝时死于丹毒的皇帝就有 6 人，大臣们死去的就不计其数了。

内丹术则是一种内修方术，它以人的身体为炉鼎，以身体内的精、气、神三者为药物，以意念导引着它们，使它们在体内凝结成丹，即圣胎，最后经沐浴温养，就可飞升为仙。

炼丹一般分为四个步骤：第一步是筑基，就是去除病患，填补亏损，打好练功的身体基础，把世人因奔波而亏损的精、气、神补上，使之“三全”。补的方法就是采用气功，以神运气，用意念调动精气沿任督二脉上下运行，降入下丹田，如此上下反复运转，叫作“转河东”。这一步就是入门功夫，叫“道术”；后面的三步为炼丹的主要内容，取名为仙术。第二步是炼精化气，叫作初关，主要是使精、气互化互凝，结成先天之气，称为大药。第三步叫中关，炼气化神，炼去大药的阴质，使之成为纯阳之药，结为圣胎。第四步称为上关，炼神还虚，即沐浴温养，达到虚寂无为的成仙境界。

# 八、江湖祖师

江湖社会如同对民族文化、社会历史极为珍视的中国民众社会一样，对自己的行业先祖，也常常怀着崇德报功的心理时时追念，并天真地将许多附丽着神奇色彩的创世英雄业绩作为真实的历史来传诵。他们把创世英雄当作祖师来供奉，在家中或会馆中设祀，祭拜祖师。除了祖师诞辰忌日、逢年过节以外，新徒拜师出师、举行重大活动、惩罚犯规成员，都要祭拜祖师。这就是江湖社会的祖师崇拜。

江湖社会的祖师崇拜源于中国民众对祖先的崇拜。中国民众有“血浓于水”的亲情，他们把孝悌等道德规范与外化的对祖先的祭祀活动融为一体，使人性意识、血缘感情、宗教心理有机地结合在一起，而不需其他任何玄奥的信仰体系。他们家中供有祖先的灵牌，家庙中供着祖先的神主，坟墓中安放着祖先的灵柩；祭祖，成为家庭、家族生活的一部分。祭拜祖先、告慰亡灵是广大民众日常生活中最普遍的宗教义务，而对于妨碍和破坏祖先崇拜的所有事物、宗教都极不欢迎。他们通过祭祖慎终追远，奉行孝道，感恩报德，并以此维系亲属集团，求祖先授福，同时也是害怕祖先降祸。

“师徒如父子”，祖师崇拜正是民众祖先崇拜的延伸。“三百六十行，行行都有祖师爷”，十分生动地反映了师祖崇拜的普遍性。

但是，江湖上对祖师爷的选择却有特殊的意义。一是供奉的祖师爷具有道德的力量，适应组织内部成员的信仰层次。如天地会供奉关公，就与统治阶级或一般民间供奉性质不同，它侧重关公的“义”的凝聚力，以之团结江湖兄弟，使他们合盟在忠义堂内；此外，它还以“义”作为权威，监督和惩罚不信不义的成员，加强内部团结。二是为了保佑生计，所供奉的大都是本行当历史上出类拔萃的人物，如盗贼的祖师爷有的信奉跖，而杭州一带却信奉时迁，因为在《水浒传》中，时迁“骨软身躯健，眉浓眼目鲜，形容如怪旅，行走似飞仙。夜静穿墙过，更深绕屋梁，偷营高手客，鼓上蚤时迁”，是一个神偷飞贼的形象。奉其为祖师，显然是为了勾当便利、无难生计。土匪奉十八罗汉为神祇，也是为了保佑平安、勾当生计的价值需求，十八罗汉可以在迷路时给土匪指津，在困危中给以解救，可以给予土匪以极大的法术和强劲剽悍。三是供奉一些低贱人物为祖师，并极力神化他们的不平凡。例如，乞丐信奉范丹，范丹是东汉时安贫乐道的穷书生，“结草室而居”十余年，“有时粮尽，穷居自若，言貌无改”，汉桓帝请他出来为官，他不出庐，穷而有节；而盗贼祖师跖，也是个无尊无贵的低贱人物。四是把高贵人物贬于低贱的行业，让他们降贵屈尊当祖师爷。例如。乞丐因孔子曾在陈蔡乞粮、朱元璋少年时行乞，而奉孔子、朱元璋为祖师爷，极力说他们的平凡，目的在于抬高自己的地位和影响。五是同一行业区域不同而祖师有异。如乞丐，中原信奉范丹(范冉)、苏州信奉伍子胥，北京信奉朱元璋，台湾信奉铁拐李。这就形成了一行多祖的特点，命相家的祖师，多达十八个：麻衣、达摩、伏羲、鬼谷子、周文王、王善、无量祖师、周公、桃花娘娘、罗隐、姜太公、报事灵童、关公、大禹、孔子、袁天纲、李淳风、陈抟、邵雍等；白莲教供奉的，除虚化的无生老母之外，还有燃灯、释迦、弥勒、达摩、济公、观音、关公、吕祖、南极仙翁、太白金星、孔子、老子、八仙、十八罗汉、二十八宿、罗祖、羊祖、弓长祖、飘高祖、石佛祖等。

### （一）洪门祖师

洪门在香堂上供奉的祖师牌位有：始祖洪英、傅青主、顾炎武、黄梨洲、王夫之；五宗史可法、郑成功、陈近南、万云龙、苏洪光；前五祖蔡德宗、方大洪、马超兴、胡德帝、李式开；中五祖杨仗祐、方惠成、吴天成、林大江、张敬之；后五祖李式地、洪太岁、吴天祐、林永超、姚必达等。开香堂时，要红旗升表，向空中请自己的祖师，转向圣前“安位”，就香炉插香，再向圣前“开光”。香堂结束之前，焚化红旗圣位为“送圣”。香堂上的每一程式，都有向祖师表达崇敬之情的条令，如“送圣条”：“喜洋洋来笑洋洋，我送五祖上天堂。天神今日归天去，地神各请归庙堂。香烛纸马同焚化，永保洪家大吉祥。送圣已毕，百事大吉，满园哥弟，连升三级。”

洪门祖师，都有一些动人的传说，这是秘密社会制造舆论、联络群众的重要手段。洪门祖师的传说是系列性质的，可称为“洪门五祖历险记”，包括南少林寺一百二十八名武僧揭榜平定西藏、凯旋后遭清将张近秋陷害围剿、第七僧马福仪叛变、突围生者即“前五祖”路遇五位热血勇士即“中五祖”相助，为郑君达全家报仇而得到五个马贩子即“后五祖”相帮突围，遇卜者陈近南在“红花亭”聚义，发现一漂流物中大石香炉上“反洕复汨”四字而招兵买马、遇小主朱洪竹而“添弟会”结盟、制定洪门秘密符号、与清军血战中万云龙亡身因而尊他为“达宗神”而树“浸渺涨淋诗，汧汕澕氵泒——汰淙淞洏淌潳”的墓碑、为伺机再起而分散各省隐姓埋名广结党徒并临别作“五人分开一首诗，身上洪英然人知，此事传与众兄弟，后来相会团圆时”诗为日后相认之证，等等，我们在本书前半部分已有涉及，不再赘述。

时至今日，中华武术中的南少林五祖拳，包括洪家拳、刘家拳、蔡家拳等，都自称是福建九连山少林寺五祖所传，并在练拳前后举行“抱拳式”以纪念五祖，近年还在泉州成立了“国际南少林五祖拳联谊会”。

## （二）青帮祖师

青帮祖师分两个层次设置，一是天地君亲师、四海龙王及历代达摩、慧可、僧璨、道信、弘忍、慧能六佛祖，其次是罗教三代祖师即前三祖金、罗、陆以及“后三祖”翁、钱、潘，其家庙设在杭州，共计有殿房 99 间半，在大殿 15 间内供历代祖师之位，祖堂 9 间供“后三祖”。关于前、后三祖的传说前文已有交代，这里不再赘述。

青帮入会，必须拜师开香堂；在香堂上又必须拜祖，名叫“参祖”，并各有请祖歌词，如请金祖：“碧海梧桐起凤毛，祖师开道在明朝。清门始祖谁不晓，子子孙孙代代高。”请罗祖：“罗祖本是传道仙，生于明朝嘉靖年。征服回王功劳大，万代千秋受香烟。”充满着很浓厚的崇拜祖师色彩。在参祖时，还要求参拜者平心静气，目不斜视，低头躬腰，面带笑容，面对香案，平目垂手，躬身肃立，严禁东张西望，摇头二晃脑，咳嗽吐痰。“下参”时，左脚上前一步，右腿徐徐下跪，左手同时置于左膝，右手按在左手上，俟右腿着地后，双手同时撤回垂于腰下，双手均呈掌形，五指朝下并拢，紧身靠边，左腿同时收回，慢慢跪下，双脚并齐，抬头平视，向下一拜，然后左手先落地，掌心朝下，指尖朝右，同时右手伸掌，加在左手上，指尖向左，双手按在头顶上，抬头，同时撤双手回腰间，再伸左手扶左膝盖，右手加在左手上面，伸腰先起右腿，继起左腿，双腿站直，双手回原，仍然恭身而立。参祖要求三跪九叩首，加上参拜王降祖、萧萨祖、众位小祖、朱黄刘石四小祖、十二庵堂师、清门历代祖师、本师太、本师爷、本师、传道师太、传道师、引进师太、引进师爷、引进师、诸执事老少爷们、三家诸前人、先进山门诸位老大，共有三十六参。

青帮还以历代祖师圣诞作为帮内节日：金祖圣诞八月十五，陈祖圣诞二月一日，林祖圣诞四月十二，罗祖圣诞三月三日，陆祖圣诞五月五日，翁祖圣诞五月二十八日，钱祖圣诞七月十三，潘祖圣诞六月六日。

## （三）艺人祖师

### 1. 老郎神

梨园祖师是“老郎神”，即李隆基。传说唐玄宗李隆基酷爱戏曲，曾在禁苑梨园中选 300 名戏曲艺人，与宫女一起排练，有时亲自参加，故戏曲艺人被称为“梨园子弟”，常见旧戏班子后台挂一张布制画像，外衬两扇红布小门帘，就是“老郎神”。梆子戏供奉的是皇上李隆基，画像是胡生模样，白面皮，三绺黑须，戴王冠，穿龙袍；京剧供奉的是太子李隆基，画像是小生模样，戴太子盔，穿蟒袍。老郎神下还摆一布娃娃，俗叫“彩娃子”，据说他是戏行的大师兄。戏班的第一场戏要拜老郎神，徒弟第一次登场、武生头上场也要拜，通常是文角作揖、武角下拜，据说拜过以后，心理就稳定多了，扮什么像什么。戏班子转地演出叫“行箱”，也把戏娃子放在大衣箱中，必须多给管衣箱的一份伙食费；得奖赏时，也多给管衣箱的一份赏钱，以表示对大师兄尊敬之情。戏曲祖师李隆基还留下一个美好的传说：唐玄宗微服带戏班出游，坐的船底忽然漏了，水从桅杆下的船底漏洞直涌进船舱，情况十分紧急，唐玄宗便用自己奏乐时敲打的“阴阳板”取过来补在船上，避免了沉船大难，为此，船家很感激，规定凡是唱戏的坐船，只要坐在桅杆下，可以不花钱，以示纪念。

还有一种说法，说唱戏的按不同的角色供奉不同的祖师：文角供奉翼宿星君，又叫三圣老郎，俗称老郎神，传说演员能在梦中受他指点；武行则供“五昌兵马大元帅”和白猿。“五昌”指战国时期白起、王翦、廉颇、李牧、孙武五位军事家，白猿则是筋斗祖师，单供在桌子下面；乐队供奉唐代音乐家李龟年；管戏箱的供奉青衣童子，尊称为指天画地佛；梳头化妆的供观世音，把她的牌位放在化妆桌上。

2. 周庄王

曲艺祖师是周庄王。祖师周庄王传说起源于他的击鼓化民、正风化俗。对曲艺的来历还附有一段祖师传说：周庄王的母亲为天下有恶人而忧虑成疾，周庄王为使母亲病好，就叫了四位能说会道的大臣梅、清、胡、赵说善恶报应的故事，给她排忧解难。这四个大臣讲得风格各异，就形成了后来曲艺的鼓词、评书、快板书、相声这四种形式。在拜师仪式上，中堂供“大周庄王”的牌位，两旁是梅、清、胡、赵四个姓氏。

3. 吕洞宾

戏法杂技祖师是吕洞宾。吕洞宾是“八仙”之一，唐朝人，曾隐居终南山学道，元封其为“纯阳演政警化孚祐帝君”，全真奉为“五祖”之一，通称“吕祖”。元杂剧中八仙故事，几乎都以吕为中心，明时书中附会、渲染他为身高八尺二寸，淡黄笑脸，微有小麻点，三髭须，戴华阳巾，武则天天授二年（691年）46岁时，进京赶考，在酒店遇汉钟离，经点化、十试，传上真元诀，授灵宝要法，火龙真人传授其遁天剑法，苦竹真君传其日月交并之法，成仙后向汉钟离发愿，要行化度人，救人苦难，故民间视其为行侠仗义的仙人。

吕洞宾成为戏法魔术之师祖，传说源于他云游天下时的一个故事：吕洞宾见有几个光头和尚追赶一个小孩，小孩迭声呼救，吕便摘几粒黄豆，朝空中一抛，立即化为一群舞枪使棒的大汉，上去一阵猛打，赶跑了和尚，救下孩子。孩子诉说他家欠了寺院债务，爹妈死了，和尚拉他还债，故逃跑。吕洞宾很同情他，就收留下来，教他变幻戏法，以此为生计。从这，江湖上又多了戏法魔术这一行当。

4. 师旷

吹鼓手祖师是师旷，一些打锣班的领班都供奉他的牌位。师旷是春秋时期晋国的一位盲师，善奏七弦琴，晋平公常听他演奏。有一次，晋平公要师旷演奏一首悲哀的曲子，师旷奏之，天昏地暗，日月无光，晋平公难过，如大病一场，病卧几天。后来师旷又为他弹了一支去忧解闷的曲子，晋平公便豁然开朗，百病皆消。从此，人们都说师旷的音乐有起死回生之力，因而为民间演奏艺人所供奉。

一说吹鼓手供奉韩湘子。韩湘子，“八仙”之一，为韩愈疏从子侄，性格狂率，有奇术，于初冬令紫牡丹开花，白红相间，每朵有诗一联：“云横秦岭家何在？雪拥蓝关马不前。”民间传说，韩湘为潇湘岸边雉衡山顶一只白鹤，受汉钟离、吕洞宾点化，托为韩愈之侄，后经吕七试，度化成仙。民间画像中，韩湘为一青年男子，或手持灵芝，或手拿玉笛。吹鼓手奉其为祖师，因其玉笛神灵。

5. 东方朔

相声祖师是东方朔。史载他为汉武帝文学侍从，出语诙谐，巧于应对。民间传说他为太白星精，黄帝时为风后，尧时为务成子，周时为老聃，在越为范蠡，在齐为鸱夷子皮，说他能兴王霸之业，变化无常。《汉武故事》等又说他偷西王母桃，以为他是西王母的侍卫。相声尊其为祖，是以正史为依据的，他的幽默诙谐变化无常的语言风格，正是相声艺人的本钱。

6. 伏羲

镖局祖师伏羲是汉族信仰的祖先神，居东方，为五帝中东方天帝，主木德，为蛇身人首。他对人类的贡献有七：一是钻木取火，二是始作筵，三是始作八卦，四是作结绳而网罟，五是作瑟作琴，六是制以俪皮嫁娶之礼，七是初置元日。镖局尊其为师祖，是附会开天辟地的神奇人物，即对祖先神的敬仰。

但更多的镖局却以达摩为祖师，与盗贼土匪信奉相同，是对孔武有力的祈盼。传说当初有三人拜师学武，学成分手，却各有理想：一个要以所学为客商护卫行旅，一个愿在地方为闾里治安出力，一个则为贫富悬殊而愤愤不平而要劫富济贫。三人各执其志，各行其业，并传授门徒。为避免因彼此不相识而发生冲突，三人就制定了口号暗语，以证同门，以便互相利用、庇护和帮助。相认暗语中第一句就是“达摩祖师威武”，并且以“镖走一条线，护院一个站，土匪天南海北都吃遍”为共守的行业道德。

### （四）乞丐祖师

乞丐帮派多，信奉的祖师爷也各不相同。

1. 范丹（冉）

范家门这一门在丐帮中地位最高，信奉春秋时范丹。据说孔子带领弟子周游列国时，困于陈、蔡，几饿毙，范丹借粮给孔子，救了他师徒之命，孔子感激而留诗一首：“范丹老祖借米面，来日孔子礼当还。贴对联处请稍候，家家户户不怠慢。”后来范丹穷困，而以乞讨度日，留下了“范家门”派。实际上，范丹是东汉时人，曾任莱芜长，生活极贫，有时炊断。这一门乞丐规定，只要是门上贴有对联的人家，都可以进去讨要，因为这是孔子当初许的愿。

2. 李后娘娘

李家门这一门以宋仁宗的生身之母李后娘娘为祖。据传李后沉冤 20 年，居寒窑时，多亏李、张二花子讨饭供养，直到包公陈州放粮私访，李后才得以申冤。李后感激二位花子，封其为花子官，赐以黄龙丝帕为信物。这一门的花子便身背布褡袋，三尺三寸三。

3. 伍子胥

相传春秋时伍子胥为报家仇，星夜赶往吴国借兵攻楚，过昭关时，遇楚兵严密盘查，难以过关，一夜之间愁的须发皆白，因面目全非而混出关去。到达苏州，身无分文，只得大街上吹箫行乞。吴公子姬光识其器，带进王府，重用为将，大败楚军，鞭平王尸三百，报了家仇。所以苏州一带奉伍子胥为祖师，并且大都演奏一些乐器行乞。

4. 高文举

据说唐时高文举未做官时很穷，进京赶考没有盘缠，只好手打竹筒沿街乞讨。从此，留下高家门乞丐。这一门乞丐，大都拿着一种简单的响器，说一些吉利话，以求施舍。

5. 索家门

据传，元顺帝年间，朱元璋到燕京赶考，功名未中，忽患伤寒，病倒在土地庙，多亏一索姓乞丐悉心照料，给他盖上狗皮取暖，熬杂烩菜汤充饥，使他出了一身臭汗，好了病。后来朱元璋坐殿，偶又染伤寒，将索召进宫来，一顿杂烩菜汤又使其病愈。朱欲封其为官，索姓乞丐连称福薄不敢，朱乃传旨，命他乞讨时用太平鼓，鼓下坠一黄穗。

6. 朱元璋

朱家门以朱元璋为祖师爷。据说朱元璋小时曾当过和尚，被赶出山门后又给地主放牛，牛病了就偷宰吃肉，主人发现后，就将他赶走。朱无法生计，只好白天打着牛胯骨沿街乞讨，夜晚露宿街头，曾作诗曰："铺着天来盖着地，日月星辰伴我眠。睡觉不敢伸腿睡，恐怕蹬倒太行山。"此门打牛胯骨行乞。

# 九、江湖文艺

江湖文艺是江湖人自己创作的文学艺术作品。这些作品，可以大致分为五类：一是民间传说，如祖师爷的传说；二是帮会仪式、帮规歌词，如洪门条令；三是江湖行业用以维持生计的艺术形式，如说书、相声、大鼓、竹板，以及乞讨喜歌、花鼓表演、巫术咒词等；四是歌诀，如相术歌诀、风水歌诀等；五是其他歌谣，如劝土匪歌等。

## （一）“海底”传说

洪门的秘籍叫“海底”，提起“海底”的由来，还有一段离奇的故事。

郑成功在台湾开了“金台山”、“明远堂”后，写了一本《金台山实录》，记下了洪门的宗旨、规则、暗号、隐语等，以及洪门组织法和花名册。郑成功病重临终时，把它交给了儿子郑经立，嘱咐他好好保存，坚持抗清。后来郑经立战败厦门，次年死于台湾，其子郑克塽主持军务。康熙二十二年（1683 年），清提督施琅水陆并发，大举进攻台湾，郑克塽率众殊死抵抗，终因敌众而败，郑在危急中将金台山的一切案卷文件、名册、印信之类，装在一只铁箱内密封，沉入海底，以免为清军所获，然后拔剑自刎。

郑克塽沉入海底的那只铁箱，在海底慢慢被冲到了海峡这一边的福建沿岸。在 160 年以后，沿海渔民陈寿亭、陈兆官父子俩在海底采宝时发现了它，以为里面装满了金银财宝，拼命把它从海底打捞出来，又费了三天的功夫把它打开。打开一看，大失所望，便把其中的手册书本堆在房间一角，将箱中一颗玉印卖给了邻家，得银五两。

不久，云南大理一位洪门首领叫郭永泰的，来到福建，以做中药材生意为名，联络当地洪门人士。一天，他走累了，就到一渔民家里歇脚讨水，这家渔民正是陈寿亭父子。在水缸边，郭发现了乱堆放在许多书册，便信手翻看，从中发现了《金台山实录》，上面盖有“平延郡王招讨大将军印”，知道是郑成功开金台山的秘密文件，于是连忙向陈氏父子问起它的来历。郭永泰听他们讲完，就用十两银子向邻人买回了那颗玉印，又用十两银子买下了《金台山实录》。

后来郭永泰把《金台山实录》带到四川，重新整理为哥老会组织法。因其从海底而来，故叫它“海底”。

## （二）教会歌令

1. 洪门开香堂令选

①《三把半香》。兄弟奉令把话讲，三把半香说分明。头把香来忠义香，羊角哀与左伯桃，捧土焚香来结拜，兄弟二人赴秦邦，伯桃中途生重病，尽义角哀赠盘川，异日辞爵回家转，扫墓表旌祭伯桃，角哀自缢报故交，生死之交美名扬。二把香来仁义香，桃园结义刘关张，弟兄徐州来失散，关公被困在土山，曹操差来张文远，顺说关公降曹瞒，上马金来下马银，美女十名解战袍，后来修下辞曹表，去到古城会故交。三把香来根本香，梁山结义有宋江，聚齐一百零八将，不分男女摆战场，河北收来卢俊义，外有兵来内有粮。半把香来威风香，瓦岗寨上称豪强，咬金有福为山主，假仁假义西魏王，三十六人同结义，内有三人不投唐，好个忠心王伯党，赤胆保主西魏王，唐王斩了单雄信，秦琼哭回半把香。

要学桃园三结义，莫学瓦岗西魏王。三把半香讲完了，忠义堂前把令交。

②《设咒堂》。红木台子四方方，大哥命我讲咒堂。香堂有人犯了咒，犯咒之人寿不长。不信听把古人讲，一个一个听端详：赵公明来不信咒，头顶七眼一命休；闻太师来不信咒，绝龙岭前把命丢；小殷郊来不信咒，农夫犁头一命休；小殷洪来不信咒，死在昆仑太极图；楚霸王来不信咒，乌江之上刎自头；韩信陈仓盟假咒，未央宫前刀砍头；三国孙坚不信咒，乱箭射死在荆州；秦叔宝来不信咒，口吐鲜血见阎罗；小罗成来不信咒，少年英雄箭穿喉。香堂有人盟假咒，红香一断刀割头。咒堂大令讲完了，忠义堂前把令交。

2. 洪门拜码头交接令选

①《奉承龙头大爷条令》。日出东来月转西，梁山闪出帅字旗。久闻大哥多仁义，一来请安二道喜。你老大哥好比千尊佛、万尊佛，万佛头上一尊佛，上与五祖来替德，下与拜兄把名扬，扯旗挂帅，开山立堂，广收龙兄虎弟，镇定洪门家邦。我兄弟少来站班护卫，请安道喜。

②《闽广系会员凭证图文字详解》。五人分开一首诗，身上洪英无人知，此事传与众兄弟，后来相会团圆时。你我腰

平大不同，老母赐我傍身中，上绣五龙扶真主，下绣彪寿合和同。

3. 青帮香堂歌选

①《小香堂上烛歌》。头对神烛红通通，英雄豪杰出帮中，雀杆之上落彩凤，船舱以内卧蛟龙。二对金烛圆又圆，祖师台前放光明，上照日月共星斗，下照安青万万年。三对苏烛六朵花，五枝包头中间插，自从老祖传人世，自古迄今不分家。四对苏烛烛生花，烛报平安喜气加，天生小祖行粮运，安青万代不分家。

②《小香堂上炉香歌》。头顶七支香，宝烛分两厢；今天沾雨露，福寿求无疆。二炉香烟供正中，三义堂前聚英雄，祖爷昔日兴粮运，传下安清侠义风。双手举起五枝香，临济宗风潘安堂，前人造下新世界，安青道义万古传。风流小祖道法高，一无神殿二无庙，每逢香堂门外站，我与小祖把香烧。

③《大香堂请祖歌》。达摩祖师道德广，奥妙无穷胸中藏，普度众生超仙界，收来弟子祖增光。满天紫气祥云生，我祖殿试受皇封，一尘不染归山去，世代传流子孙兴。罗祖修行栖霞山，紫云洞中把身安，红江渡口师徒会，一芦渡江把道

传。陆祖修行五台山，翁钱潘祖拜台前，蒲台打坐传圣训，开帮行运传万年。翁祖原籍住东昌，拜师访友道士装，云游四海心相应，悬起牌位显灵光。一张黄表天下游，领旨河务工程修，九曲湾湾哪王庙，辛苦跋涉把祖求。处事无奇但率真，哪王庙内把道寻，得受藏经开觉路，化游四方在凤林。小爷本是护法神，佛祖面前他为尊，弟子请你门外坐，看经守卷万万春。

### （三）土匪小唱

①《光棍歌谣》。光棍光，光棍病了谁做汤？光棍苦，光棍衣裳破了谁给补？光棍乐，光棍吃饱了一家都不饿。

②《夫妻打架》。公鸡打架头对头，夫妻打架不记仇。早晨一盆洗脸水，晚上一个花枕头。

③《响马快乐》。当响马，快乐多，骑大马，抓酒喝，进屋搂着女人"吃饽饽"。

④《劝匪歌》。眼看过了秋，穷人百姓犯了愁，为何种地不打粮？日本鬼子把税收。他们把咱当牛马，拿着户口把兵抽，一时不动棍棒揍，打得浑身血水流。我劝土匪弟兄们，别给俺们火浇油。日本强盗是咱大敌人，何不起来打外狗？

土匪父老兄弟们，可想想，你是何种人？生在中华，长在中华，为何欺负亲骨肉？

⑤《劝夫歌》。我劝丈夫快回头，别入局和绺。家中有妻又有儿，别在外逗留。杀人要偿命，害人要报仇。谁家没有姐和妹，谁家没有马和牛，快拿人心比自身，别让家人犯忧愁。

## （四）乞丐歌谣

1. 气丐帮规词选

①《十穷》。进穷棚，抬穷头，穷家祖师穷家楼。穷家也讲三纲伦，穷家也讲三教共九流。穷家鞭杆传天下，穷家的褡子四海游；穷家的沙玑子（竹板）垂耳度春秋。穷家里面分贵贱，穷家里面出王侯。

②《十戒》。一戒越边抽舵（不准偷邻居和同行的东西），二戒顶色卧莲（不准嫖同行之妻），三戒点水发线（不准充当内奸告发），四戒引马上槽（不准暴露所做的坏事），五戒溜边拐将（不准借同行东西不还或拐走别人的徒弟），六戒挑灯拨火（不准在同行中挑拨是非），七戒欺孤傲相，八戒遁逃扯谎，九戒偷言耳哄（不准偷听别人私话而外传），十戒迷糊吃

大（不准讨得钱不上交）。

2. 自嘲诗选

① 不用费力不操心，只拜竹竿不拜神；不怕偷来不怕盗，只有肚皮没文银。

② 一天只有十二时，一时只走两三间，一间只讨一文钱，苍天苍天真可怜！

3. 讨饭歌选

① 好心有好报，坏心鬼不饶。信佛行善事，可怜我穷佬。求钱不要多，只要五个钱。你若给我钱，保你平平安。

② 竹板打进街里来，一街两厢好买卖。金字招牌银招牌，东拣西扯挂起来。这一两天我没来，听说掌柜发了财。掌柜发财我沾光，您吃饺子我喝汤。一拜金来二拜银，三拜掌柜大好人。大好人来海量宽，刘备老爷坐四川。坐四川来汉刘备，能活三千六百岁。

③ 竹板一打进街来，鸟为食亡人为财，鸟为乞食飞天下，人为吃饭拜四拜。要得拜，都得拜，拜了他，不拜你，说俺傻子太无理。拜到南，拜到北，拜了秦琼拜敬德，秦琼白，敬德黑，杨香武三盗九龙杯。说这话，是白搭，三请寒江樊梨花。对对对，对对对，秦彭马武玉虎坠。跑荆州，汉刘备，

王三姐，寒窑睡，等她丈夫薛平贵。薛平贵，不回还，一等等了十八年。这些话，都不错，就是傻子肚子饿，给一点，就起身，走遍天下不忘恩，忘恩负义不是咱，不是孙膑是庞涓。孙膑忠，庞涓奸，最终闹个尸不全。咱们哥俩心眼好，就是肚子没填饱。

4. 喜歌选

① 喜鹊落枝喳喳叫，凤凰成双哈哈笑。主人喜庆天地亮，听我三贺把喜道。一贺夫妻和睦好，恩恩爱爱两活宝；二贺夫妻会发财，芝麻开花节节高；三贺来年生贵子，早早就把龙蛋抱。

② 兄弟呀兄弟你大喜，里里外外全是礼。留着喜酒不让喝，留着自己醉糊涂。糊涂走路掉河里，淹死留个小寡妇。

## （五）相术歌诀

1. 相耳歌诀选

① 鼠耳。鼠耳高飞根反失，纵然过目不为贤。鼠盗狗偷终不改，末年破败丧牢坚。

② 福寿贴脑耳。两耳贴脑轮廓坚，压眉压眼是高贤。六亲昆玉皆荣贵，百世流芳乐自然。

2. 手纹歌诀选

① 四直纹。四直功名可自求，中年显达不须愁。更宜红润鲜妍色，一旦封为万户侯。

② 偷花纹。偷花纹现自多非，别处风流恋暗期。自有好花心不喜，一心专恋别人妻。

3. 女相歌诀选

① 妇女刑克诗。乳头白色小如针，顾复儿孙枉用心。半世焦劳无好处，椒房还怕守孤衾。

② 妇女淫佚诗。媚眼无态意情浓，此是寻常贱妇容。若不为娼居婢女，花间私约喜重重。

4. 气色占应歌选

① 升迁。乍见红黄满天中，兰廷印堂色要雄。超达官职从兹盛，事事称心禄位穹。

② 婚姻。龙宫鱼尾紫红黄，纳采成婚意飞扬。时暗时明青与黑，常闻争竞在椒房。

## （六）巫师咒词

① 捧魄咒。灵魂转魂魄，金刚两边排。千里拘魂咒，三神五道送小孩的魂来：积极入窍来！

② 收魂咒。天上地下，前后左右；四面八方，丢魂速归。太上老君，□律敕令！

③ 忏茶咒语。圣水洋洋万道毫光，穿皮入内直入膀胱。又三十三天天外天，我佛掌着穿云剑。妖魔鬼怪全退北，斩了仙鬼影无踪。

## 十、江湖道义

“盗亦有道”。立命江湖，也十分讲究道义。

江湖的“义”，是建立在个人本位上的“义”，它主要以个人恩怨和好恶来确认行为的去从，其平等、公正等，都包含在这一内涵中：第一，滴水之恩，涌泉相报，一旦受人恩惠，便立即结成了一种主仆之忠和朋友之道；第二，同情弱小，扶贫济危，主动抗拒以强凌弱、以富欺贫，即为抱不平而仗义行侠，这是“义”的社会责任；第三，替天行道，鞭挞人间不公，高举起义大旗，与统治阶级对垒。

江湖上道义，表现在一些特定模式中。第一，兄弟之义。“四海之内皆兄弟”，断唯利是上的意念，以兄弟情谊为最高价值取向，甚至舍生毁家以全义，所谓“兄弟如手足，妻子如衣衫”，即谓此也。江湖上的异姓兄弟，分为两类，一是撮土为香，拜过天地的结义兄弟，一是同道。前者要求“不求同年同月同日生，但求同年同月同日死”，同生死共患难；后者要互助友善，与人道路，同道相亲。第二，抱打不平。“不平”，主要指恃强凌弱、以富欺贫的勾当。《水浒传》中鲁提辖拳打镇关西，最为典型，它体现了替天行道的正义。第三，杀不义为“义”。在注重兄弟相亲的江湖规范中，大义灭亲，是“义”的又一境界，这种“义”，在于杀掉负友求荣者，为江湖规范作监察法官。

## （一）盗亦有道

盗属于黑门槛，盗之“道”主要用来维系“盗”的生存和发展。但其中也不乏轻财重义力行侠义之士。这些人，劫富济贫，仗义疏财，不偷孤寒疾病，不偷正当家财，只取“不义之财”。例如，名震京津的燕子李三，就专偷豪门富户，并且每次作案总要留下些痕迹，免得被窃人家怀疑佣仆所为，偷去的钱财，也送给穷人，被称为“义贼”，并把他传说为会飞檐走壁的神奇人物。他曾盗过段祺瑞、潘复、张宗昌、褚玉璞、白坚武等人的公馆，武功绝技不少，身轻如燕，能用气功将镣铐脱落后逃跑。民国24年（1935年），他潜伏在北京警察厅屋顶上窃听审讯有关他的案件时被发觉逮捕，押在北京法院看守所，因病死亡，年仅40岁。抗战时期昆明、重庆等大城市中活跃的“四大名山”扒窃集团，也以富商大贾为作案对象，所获惊人，曾窃过重庆宋家二万美金，在京沪线火车上扒窃了当年中国民主同盟秘书长张东荪的皮箱，包括呈奉蒋介石的两份机密文件。

除此之外，还有一些侠道要求。例如，遇上贫穷人家被窃，一定严加惩处，追回窃物送还主人；有时迫于义举亟待用钱，写条暗借大户，不久再还；有时只取一部分或一小部分急用钱两；或者以“兔子不吃窝边草”、“好狗护三邻”为标准，约束自己的行为，《清稗类钞·义侠类》就载有不盗其乡的故事，吉林巨盗白胜魁，从不扰其乡邻，其住处三十里以内无盗劫。

而在盗贼集团内部，也有其道。《渊鉴类函·人部·窃盗》引跖的话说：“妄意室中之藏，圣也；先入，勇也；后出，义也；知可否，智也；均分，仁也。”后出为义，均分为仁，成了集团成员兄弟义气的准则。

当然，“七红八黑”中，真正有“道”的盗贼为数极少。他们大多好逸恶劳，巧取豪夺，以供自己奢侈挥霍；他们流窜四方，祸害人间，成为社会生活中最严重的灾难。

### （二）桃园结义

东汉末年，天下大乱，豪杰并起。汉中山靖王的后代刘备，年幼丧父，靠贩卖草鞋、编织竹席为生；张飞，涿郡人，以杀猪卖酒为生，家中很有些资财；关羽为河东人，杀人后避祸逃到涿郡。张飞只在上午卖肉，到午后就把剩下的猪肉悬挂在肉肆旁边的井里，上面压一块五百斤重的大石头，扬言谁能举起这块石头，肉就归他。关羽来到这里，举步向前，举起了石头。张飞闻报，快马而至，追上去较量，难分上下，正巧被路过此处的刘备劝下，三人同到张飞庄上，谈话间意气相投，于是在桃园结拜为三兄弟，刘备为大，关羽次之，张飞居三。自此，三人一起发兵，转战疆场，出生入死，后来关羽为孙权所杀，张飞也因制孝衣为关羽兴兵报仇被怨愤的部下所杀，刘备不顾形势，兴兵伐吴，为关、张报仇，结果被火烧连营，几丧江山。其中关羽作为“义”的化身，尤为人们所推崇，他不降曹操，千里走单骑，过五关斩六将，送刘备两夫人回归家中，义气干云，故死后成为汉、满民间信仰的神祇，也成了江湖组织如天地会等作为一个团结兄弟而提供道德力量的义神形象，它们以此来组社结帮，并规范成员之间的行为。

### （三）梁山根本

梁山精神是江湖组织理想中的光明世界。其精神实质是政治上平等，经济上平均："帝子神孙，富豪将吏，并三教九流，乃至猎户渔人、屠儿刽孙，都一般儿哥弟称呼，不分贵贱"；有财均分，有福同享，无问亲疏，"皆一样的酒筵快活"。而表现在兄弟间的同心协力和组织上的团结统一上："或精灵，或粗鲁，或村朴，或风流，何尝相碍，果然识性同居，或笔舌，或刀枪，或奔驰，或偷骗，各有偏长，真是随才器使"，"八方共域，异姓一家"、"千里面朝夕相见，一寸心生死可同，相貌语言，南北东西虽各别，心情肝胆，忠诚信义并无差"。并鲜明地提出了江湖道义的核心内容：仗义疏财，替天行道。

### （四）入教避劫

超度苦难，拯救人类，归根认母，永享幸福，免遭天降水火风大劫，是民间秘密宗教所倡导的主题，劫变思想以及入教避劫，成了白莲教以及其他各教的教义。他们以这个教义号召人们入教，也号召人们为改变现实而奋起反抗，满足了下层民众精神上的需求和现实利益的需要，并且使教团内部互助共济，“不挂一钱可周行天下”。

在社会秩序混乱、统治失控的情况下，人心浮动，惶恐不安，种种神秘的恐怖的灾劫流言借这种社会危机四处传开，使得下层社会的人们迫切需要一种安全感和归属感，即需要一种血亲保护和集团保护。教会“真空家乡、无生老母”的劫变观念和入教避劫的宣传，迎合了人们这种无主的心态，进而把教门当作庇护自己的社会空间，而“无生老母”正是一面惦记着她的这些贫苦儿女并予以拯救的旗帜，所以，具有了很强的吸引力和凝聚力。而教会的活动形式，也很好地落实了这一精神慰藉的渴求。

教会吸收信徒并不是以承认本教道义作为唯一条件，还要以相同的经济利益和人生愿望结合成员，以现实的互利的优越，给成员一种实实在在的利益。这种利益的实现，主要靠以“种福钱”为名征集的一笔入教费，以及入教以后不时上贡的银两。他们渲染谁交的种福钱多，谁的弥勒时代的幸福善根就牢固，谁就会在未来世界里有官做有田种有福享。这就是教会道义旗帜下的敛财救助。

使教会道义落到实处的，还有教会组织的一系列的活动。如坐功运气，调身养息，防病健身；一些教门兼作巫医或专门治病，并施舍自制的草药，甚至有些就是以治病、祈福禳灾为旗号吸引民众的；对于尚勇的民众，教会则以习武的形式吸收他们，在农闲讲武，有的教会因此发展为纯粹的民间武术自卫组织；更富有吸引力的，则是教会一系列的娱乐活动，给寂寞的大众带来欢乐，每个教会，均有固定的教务集会以及教会节日，可说唱歌词，欢聚一堂，使小农经济条件下的民众个体增加了集体活动的机会。在缺医少药、贫困交加、文化生活贫乏的农村，教会为人们的生产劳动甚至家族绵延提供着帮助，使之觉得教会确实是一个可以依靠的组织。

但是，有些教会也将道义畸形发展为反动会道门组织。如一贯道，从产生到取缔，就没为广大群众做过好事。抗战时期，干的是卖国的汉奸勾当，全国解放时，又组成“救国军”对抗解放军，解放以后，又散布反动迷信，说：“第三次世界大战来了，八路军长不了啦，那时鹰（英美）也吃，鹅（俄国）也啃，天下大乱，将来老祖师出来做皇帝，就是一贯道的天下了。”一贯道不仅政治上腐朽反动，而且在教会内部无恶不作，残害道徒，诈取钱财。平时，他们对道徒施行

“五大牺牲”的愚化教育，即牺牲财产尽净为大义，牺牲名誉是大仁，牺牲家庭爱情为大慈，牺牲性命为大勇，牺牲功果不计为大智。并规定道徒们入道时要立愿“三施”，一施财出钱办道，二施法出力办道，三施无畏舍身办道。这样，就需经常缴纳功德费、入道费、献心费、超拔费、渡大仙费、行功费。此外，他们还以迷信手段大办各种训练班。如：“炉会”，一般三五年举办一次，对道徒进行考察，从中选拔新会首，先入炉受炼，将发剪乱后剃光头，号称济公和尚徒子徒孙，然后听讲和挨拷，半夜三更突敲警钟，起床争相过“水火风”三关，过不去者则要挨毒打；“顺天会”，也是集男女道徒开训练班，其主要内容是“四考”，“考财”看谁尽钱献心，“考气”看谁面壁而坐，盆浇凉水而心静如水，“考酒”看谁取掺酒的杯，即为意志不坚者，“考色”最卑鄙无耻，让男女们脱得一丝不挂，然后互相抚摸生殖器，谁不摸就狠狠抽打。道首还借“天作之合”与女道徒结为夫妇，众道徒都要交贺礼，没带钱者开条借钱，以后再还，有一次竟收受二百多道徒的贺礼两万多元。他们平时和开班诈骗了不少钱财，大部分中饱了道首们的私囊。此外，他们还荒淫无耻，骗奸道内女徒、女“三才”，其罪恶罄竹难书。

# 主要参考书目

1. 蔡少卿：《中国秘密社会》，浙江人民出版社，1989年版。

2. 沈寂、董长卿、甘振虎：《中国秘密社会》，上海书店，1993年版。

3. 云游客：《江湖丛谈》，百花文艺出版社，1996年版。

4. 赵文林主编：《旧中国的黑社会》，华夏出版社，1987年版。

5. 骆宾生编、齐仁改写：《黑幕大观》，春秋出版社，1989年版。

6. 易水寒：《中国江湖揭秘》，社会科学文献出版社，1993年版。

7. 闫泉：《江湖文化》，中国经济出版社，1995年版。

8. 王纯五：《洪门·青帮·袍哥》，四川人民出版社，

1993 年版。

9. 李玉川:《江湖行帮趣话》，北京出版社，1995 年版。

10. 雪漠:《江湖内幕黑话考》，上海文艺出版社，1991 年版。

11 . 曲彦斌主编:《中国民俗语言学》，上海文艺出版社，1996 年版。

12. 曲彦斌:《中国民间隐语行话》，新华出版社，1991 年版。

13. 叶涛: 《中国京剧习俗》，陕西人民出版社，1994 年版。

14. 王纯五:《袍哥探秘》，巴蜀书社，1993 年版。

15. 曲彦斌: 《中国乞丐史》，上海文艺出版社，1990 年版。

16. 刘汉太:《中国的乞丐群落》，江苏文艺出版社，1987 年版。

17. 曹保明:《土匪》，春风文艺出版社，1988 年版。

18. 年鹏、李呜:《香江阴影》，中国文联出版公司，1996 年版。

19. 田海林:《相学秘籍全编》，贵州人民出版社，1994 年版。

20. 濮文起：《中国民间秘密宗教》，浙江人民出版社，1991 年版。

21.〔日〕平山周：《中国秘密社会史》。河北人民出版社，1990 年版。

22. 金佛老：《三教九流江湖秘密规矩》，河北人民出版社，1990 年版。

23. 庸人：《江湖八大门》，四川人民出版社，1992 年版。

# 后　记

江湖社会民俗虽然是民俗学的重要内容，但过去我在自己的教学和研究中并没有予以特别的重视。一个偶然的机会，使我开始对江湖社会民俗有了进一步的了解。

1995 年，在山东艺术学院任教的学弟张士闪君向我介绍，他们学校办了一届影视武打专科班，希望我能去给学生讲一讲江湖礼仪方面的知识。碍于士闪的情面，我接下了讲课的任务。这次讲课的时间虽然不长，还不到二十个课时，但对我来说却是深入了解江湖社会民俗的一次极好的机会。我一边备课一边学习，一边讲课一边与学生讨论，其间，士闪学弟十分抬举我，每次讲课他都坐在下面和学生一起听，更使我在讲课时不敢有半点懈怠。正是通过这次讲课，促使我对江湖社会民俗进行了一次系统的梳理，现在摆在读者面前的这本小册子，正是在那次讲课时就形成的雏形。

江湖社会在中国正统观念中历来受到轻视，江湖中人自古以来就被排斥在正常社会秩序之外，除了靠走终南捷径致仕庙堂的隐士，以及仗义轻生抱打不平的侠客，此外，在数千年中国文明的正史记载中，再难以见到江湖人物的踪影，偶有涉及，也多语焉不详，或极尽贬斥之能事。但中国历史和现实的实际情况却与记载大相径庭，江湖社会由来已久，江湖人物散布在社会的各个角落，在气候适宜的时候，江湖社会中的各个江湖组织便会从地下走向公开，江湖中原本隐秘的各路豪杰也会现身社会，甚至会走上历史舞台扮演一个个改变历史的重要角色。

有鉴于上述的原因，我们对江湖社会的研究便有了特殊的意义。首先，研究江湖社会可以弥补过去社会和历史研究中的不足。过去我们的学术研究特别注重对正史记载的上层社会的研究，忽视了对广大民众赖以生存的下层社会的关注。这种状况近几年来虽然略有好转，但根本情况并没有改变。其次，社会研究和历史研究实际上就是对于人的研究，研究江湖社会，必然要对江湖中的各类人物进行剖析，这就会改变我们过去只注重研究帝王将相而忽视研究下层民众的倾向。

江湖社会中的各色人物，大多处在中国社会的最底层，可以被看作是中国的贱民，有的和国外的“不可接触的人”极为相像。通过对于他们的研究，可以使我们对历史的了解更加鲜活、更加丰满，可以使我们对中国社会和中国历史的认识更进一步接近真实。再次，当前我们国家正处在社会的转型期，观念的转变在一定程度上会引起人们行为上的变化。目前，带有黑社会性质的犯罪活动在某些地区具有增加的趋势，近几年的严打中反映出的情况也证实了这一点。因此，了解江湖社会的方方面面，对于我们防患于未然，又具有了积极的现实意义。

民俗学传统上就是把下层社会和下层民众作为自己的研究领域，江湖社会中的江湖组织和江湖人物理所当然地成为民俗学家关注的对象，本书就是从民俗学的角度描述、剖析江湖社会的一部著作。实事求是地讲，这本书只是对江湖社会习俗的初步梳理，描述、介绍多于研究、分析，因此，这本书还称不上是一部研究著作，对江湖社会习俗的深入研究还有待于我们今后的继续努力。

本书能够面世首先要感谢张士闪学弟，没有他当时力邀我去讲课，也可能就没有今天这本书的问世。其次，我要感谢本书的合作者、同是山东大学中文系毕业的学弟张廷兴君。廷兴君在山大读研究生时，师从钱曾怡先生学习语言学，对于社会语言和民俗语言颇有研究。这次合作是我们之间的第一次合作，双方都感到很愉快，相信我们今后还会有更多的合作机会。